MONTIGNAC
auf Wienerisch

Die in diesem Buch vorgestellten Rezepte sind von der Autorin nach dem ernährungswissenschaftlichen Konzept der Montignac-Methode erstellt worden. Die positive Wirkung der Montignac-Methode wurde bereits in mehreren Studien wissenschaftlich belegt, aber weder von der Autorin noch vom Verlag überprüft. Bitte bedenken Sie, dass dieses Buch bzw. die Anwendung der Rezepte eine ärztliche Beratung oder Behandlung nicht ersetzen können. Eine regelmäßige Fastenkur oder eine grundlegende Veränderung der Ernährungsgewohnheiten sollten nur nach vorheriger Konsultation bzw. unter Aufsicht eines Arztes erfolgen. Die Autorin hat alle Rezepte und Angaben in diesem Buchsorgfältig bearbeitet und durchgesehen, dennoch erfolgen diese ohne Gewähr und wird eine Haftung der Autorin und des Verlags ausgeschlossen.

www.editionbesserleben.at

ISBN 978-3-99009-000-8

1. Auflage 2009

Lektorat: Mag. Anke Weber
Umschlaggestaltung: DI (FH) Clemens Toscani
Layout und Satz: DI (FH) Clemens Toscani
Fotos: Stefan Liewehr
Foodstyling: Oliver Hoffinger
Foto von G. B. Scheucher: Fotostudio Walter Kühnelt

Printed in Austria

edition besser leben

MONTIGNAC
auf Wienerisch
Essen ist Lustgewinn

Gabriele Brigitte Scheucher
Michel Montignac

Inhaltsverzeichnis

Vorworte

Essen ist Genuss

Kaum etwas sagt so viel über eine Gesellschaft aus wie ihre Esskultur. Was wir essen, wie wir essen, ist ein wichtiges Abbild unserer Kultur und ein wesentlicher Bestandteil unseres alltäglichen Lebens. Je besser und gesünder wir uns ernähren, desto wohler fühlen wir uns. Und eines ist für mich ganz entscheidend: Essen und Genießen gehören untrennbar zusammen.

Gerade die Fähigkeit zum Genießen geht uns aber immer mehr verloren. Unser Leben ist schnelllebiger geworden. Immer weniger Menschen haben die Muße, sich die Zeit für die Zubereitung ihrer Mahlzeiten zu nehmen. Das hat starke Auswirkungen auf unsere Ernährungsgewohnheiten. Neuartige (industrielle) Lebensmittel, die leicht aufzubewahren sind und schnell zubereitet werden können, erobern unseren alltäglichen Speiseplan. Das eigenhändige Kochen traditioneller Gerichte gerät mehr und mehr in Vergessenheit.

Dabei spielt die Wahl unserer Lebensmittel eine entscheidende Rolle für unsere Gesundheit und Lebensqualität. Aus diesem Grund entwickelte ich vor 25 Jahren eine Methode, die bewusste Ernährung, gesunde Küche und genussvolles Essen vereint und zugleich beim Abnehmen hilft. Die Erfolge gaben mir Recht. Heute ernähren sich weltweit Millionen Menschen nach meiner Methode und genießen ohne Reue.

Denn wer die Montignac-Methode für eine strenge Diät hält, der irrt. Bei meiner Methode essen Sie nicht weniger, sondern besser. Und Sie müssen auch nicht stundenlang in der Küche stehen: Die meisten meiner Rezepte sind leicht und schnell zuzubereiten. Und wenn Sie ein paar einfache Prinzipien beachten, können Sie eigentlich (fast) alles und ausreichend essen.

Mit „Montignac auf Wienerisch“ gibt es zu meiner großen Freude nun ein Buch, das meine Methode auch für die österreichische Küche öffnet und so köstliche Gerichte wie Tafelspitz und Wiener Schnitzel auf den Speiseplan setzt. Und gerade an diesen – mit viel Sorgfalt und Liebe – kreierten Rezepten wird erkennbar: Wer mit Montignac isst, wird zum wirklichen Genießer. Denn was gibt es Schöneres als den Genuss eines liebevoll selbst gekochten Essens! Und das ohne schlechtes Gewissen!

Sogar Naschkatzen kommen bei diesem Buch auf ihre Kosten: Denn Brigitte Scheucher ist es gelungen, auch die traditionellen und köstlichen Wiener Mehlspeisen nach der Montignac-Methode aufzubereiten.

Ich wünsche Ihnen viel Vergnügen dabei, alte und neue Wiener Rezepte nachzukochen. Spüren Sie, wie gesund und wohltuend gutes Essen sein kann!

Michel Montignac

Essen, genießen und dabei schlank und gesund bleiben

Michel Montignac ist davon überzeugt, dass Essen und Genuss zusammengehören und sich nicht ausschließen. Das fasziniert mich an seiner Methode besonders. Es ist nicht nötig Kalorien zu zählen, da Kalorie nicht gleich Kalorie ist und der energetische Faktor somit zweitrangig ist. Vielmehr ist der übermäßige Verzehr von Kohlenhydraten mit hohem glykämischen Index für die Gewichtszunahme verantwortlich. Daher kann man sich nach seiner Methode satt essen und muss nicht hungrig den Tisch verlassen.

Heute sind immer mehr Menschen übergewichtig oder fettleibig, obwohl viele von ihnen sehr wohl auf „IHR" Gewicht achten und auch versuchen regelmäßig Bewegung zu machen. Verantwortlich dafür ist – wie Montignac zeigt – eine falsche Nahrungsmittelauswahl, die Stoffwechselprozesse auslöst, die zu Gewichtszunahme führen. Montignac fand heraus, warum kalorienreduzierte Diäten zum Scheitern verurteilt sind und dass man mit jeder weiteren Diät noch mehr an Gewicht zulegt.

Mittlerweile arbeiten Hunderte Ärzte nach seinen Ernährungsprinzipien und es werden laufend wissenschaftliche Studien veröffentlicht, die die Richtigkeit seiner Theorie beweisen. Auch viele berühmte Persönlichkeiten und Schauspieler Hollywoods bekennen sich öffentlich zur Montignac-Methode. Unter ihnen sind Gerhard Depardieu, Christian Lacroix, Hugh Grant, Paul Bocuse, Kylie Minogue und Königin Beatrix der Niederlande. Auch Veronika Ferres schwärmte, „sie habe damit in einem Frühjahr sieben Kilo abgenommen – ohne zu hungern".

Essen zeigt auch stets den kulturellen Status einer Gesellschaft. Unsere Zeit ist in vielen Teilen der Welt von Hektik geprägt. Mit diesem Buch möchte ich darauf aufmerksam machen, wie wichtig es dagegen für unser körperliches Wohlbefinden und unsere Gesundheit wäre, wenn wir wieder mehr auf ein schönes traditionelles und stilvolles Essen Wert legen würden. Für die „Südländer“ ist das ganz normal – aber bei uns in Österreich haben viele leider nicht die Muße dazu. Ich habe daher sehr vereinfachte Rezepte kreiert, um zu beweisen, dass man nicht stundenlang in der Küche stehen muss, um ein halbwegs gesundes Essen auf den Tisch zu bringen.

Michel Montignac ist Franzose und die Auswahl seiner Lebensmittel ist auf Frankreich maßgeschneidert. Ich habe seine Methode auf die Wiener Küche übertragen. Sie finden daher in diesem Buch auf jede Jahreszeit zugeschnittene und so weit wie möglich regional angepasste Mittags- und Abendmenüs – jeweils für Phase I und für Phase II – mit Wiener Spezialitäten. So wird es für Sie leicht möglich sein, die Montignac-Methode sowohl zu Hause als auch – mit leichten Änderungen – im Restaurant zu genießen.

Ein ganz besonderes Anliegen war mir die Umsetzung unserer altösterreichischen Mehlspeisenküche, denn bei der Montignac-Methode ist in Phase II auch eine Nachspeise möglich. Voraussetzung dafür ist aber, dass die Vor- und Hauptspeise eher eiweißreich und die darin enthaltenen Kohlenhydrate nur einen sehr niedrigen glykämischen Index bis 35 haben.

Die Franzosen lieben zu einem ausgewogenen, schönen genussvollen Essen auch ein oder zwei Gläser Wien. Hier möchte ich es mit Paracelus halten: „Nichts ist Gift und alles ist Gift.“ Entscheidend ist allein die Dosis, ein Leitspruch, der auch auf die Montignac-Methode zutrifft. Denn wer sich nach der Montignac-Methode ernährt, darf im Grunde alles genießen, es kommt nur auf die richtige Kombination an.

Ich wünsche Ihnen gutes Gelingen und viel Freude am Essen

Gabriele Brigitte Scheucher

Genießen ohne schlechtes Gewissen

Was bewegt einen Haubenkoch, ein Vorwort für ein Buch zu schreiben, das sich bewusste Ernährung auf die Fahnen heftet. Jemanden, der sich dem Genuss verschrieben hat, der Butter vor Margarine und Obers vor Obersersatzprodukten reiht. Jemanden, der immer zuerst auf den Geschmack, dann auf Kalorien und Brennwerte schaut. Das ist doch jemand, der mit bewusster Ernährung und mit der Montignac-Methode „nix am Hut hat", werden Sie sagen. Noch dazu ist er aus Wien, der Heimatstadt von Wiener Schnitzel, Sachertorte, Kaiserschmarren, Schweinsbraten, Mohr im Hemd. Und diese Liste könnte noch sehr lang werden!

Zuerst einmal: Die „goldenen Zeiten", als ich essen konnte, was ich wollte, ohne zuzunehmen, sind bei mir seit meinem dreißigsten Geburtstag Geschichte. Bis dahin passte viel hinein und ich musste mir um nichts Sorgen machen. Zumindest gewichtsmäßig nicht. Doch dann kam von heute auf morgen alles anders. Plötzlich war ich dazu verpflichtet, auf meine Ernährung zu achten. Tat ich es nicht, rächte es sich binnen kürzester Zeit auf dem Anzeigendisplay meiner Waage. Auch Köche sind eitel, überhaupt die, die im Fernsehen sind. Also war ich dazu aufgerufen, darauf zu achten, was ich esse, wann ich es esse und wie viel es ist. Und das Allerschlimmste, ich musste mir überlegen, was im Essen ist.

Gut, Sie werden denken, das machen Köche ja sowieso. Ja, klar überlegen wir uns, was im Essen ist, aber nur auf der Genussebene. Was passt wozu, welcher Wein harmoniert etc. Wir Köche haben es sowieso nicht leicht: Den ganzen Tag in einer Küche stehen bedeutet: vieles probieren, nicht regelmäßig essen und meist hungrig nach Hause kommen. Klingt absurd, ist aber so! Und das ist der erste Punkt, der mich von Anfang an bei der Montignac-Methode interessiert hat. Montignac hat diese Methode ursprünglich für Manager und Menschen mit wenig Zeit entwickelt. Also für uns alle. Wer hat schon Zeit und wer muss sein Leben nicht managen?

Das Angenehme bei Montignac ist, dass man ziemlich alles essen kann, was einem Spaß macht, solange man nur auf die Zusammensetzung achtet. Die Methode wurde von einem Franzosen entwickelt. Von einem Mann, der aus einem Land kommt, in dem Essen mit zu den wichtigsten Dingen überhaupt gehört.

Deshalb überrascht es mich auch nicht, dass es jetzt Montignac auch auf Wienerisch gibt. Denn die Küche meiner Heimatstadt ist sehr einfallsreich, sehr vielfältig und sehr beliebt. Kein Wunder, dass sie auf der ganzen Welt bekannt ist. Umso besser, dass wir sie jetzt ohne schlechtes Gewissen genießen können.

Oliver Hoffinger

Einleitung

„Europa wird immer mehr ein Kontinent der Dicken“. 145 Millionen Menschen in Europa sind fettleibig, während rund 23 Millionen Menschen sich nur mangelhaft ernähren können. Die Fettleibigkeit hat demnach epidemische Ausmaße angenommen. Darauf hat die Weltgesundheitsorganisation (WHO) im Oktober 2006 in Kopenhagen hingewiesen. In einer Erklärung der WHO wird angeprangert, dass sich die Ernährungsgewohnheiten der Menschen in den vergangenen Jahrzehnten erheblich verändert haben und die Qualität des Essens stark abgenommen hat. In unserer von Hektik geprägten Zeit hat kaum jemand mehr Muße zu kochen, leere Kalorien werden in Form von weißen Auszugsmehlen in Kombination von raffiniertem Zucker und/oder gesättigten Fetten konsumiert. Dazu kommt noch Bewegungsmangel, was natürlich zu einer Gewichtszunahme führt.

Warum ist die Montignac-Methode so wirksam?

Die Originalausgabe von Montignacs erstem Buch unter dem Titel „Comment maigrir en faisant des repas d'affaires“ erschien in Frankreich 1987 bei Editions Artulen, Paris. Die deutsche Ausgabe dazu „Essen gehen und dabei abnehmen“ kam 1993 im Artulen Verlag in Heidelberg heraus.

Inzwischen wurden weltweit mehr als 18 Millionen Bücher über die Montignac-Methode verkauft. Auch in den diversen Bestsellerlisten sind seine Bücher vertreten. Michel Montignac arbeitet unermüdlich an der Weiterentwicklung seiner Methode. 2005 erschien das Buch „Die neue Trendkost“ und 2006 veröffentlichte Montignac ein Buch speziell für Kinder – mit dem deutschen Titel „Montignac macht Kinder schlank“.

Die Montignac-Methode ist eine perfekt ausgewogene Ernährungsform. Montignac wollte keine zeitlich begrenzte Diät kreieren, sondern eine Ernährungsumstellung erreichen, bei der Lebensmittel aus jeder Nährstoffkategorie ausgewählt werden. Das Wesentliche an seinem Modell ist, dass die Lebensmittel nach ihren nutritiven Eigenschaften und ihrem Stoffwechselpotenzial ausgewählt werden. Dabei spielt der glykämische Index eine große Rolle. Montignac ist der erste Autor, der Ende der 1980er Jahre die Idee hatte, den Begriff des glykämischen Index mit Gewichtsverlust zu verbinden.

Michel Montignac ist nicht der alleinige Erfinder seiner Methode, sondern er entwickelte diese nach und nach in Zusammenarbeit mit Ärzten und Wissenschaftlern. Zu seinen Arbeiten gibt es mehrere Veröffentlichungen, vor allem die von Professor Jean Dumesnil, die im November 2001 im British Journal of Nutrition erschien und die Wirksamkeit und die vorteilhaften Nebeneffekte der Montignac-Methode bestätigte. Diese Studie zeigt auch, dass die Anwendung der Montignac-Methode eine wesentliche Senkung der kardiovaskulären Risikofaktoren bewirkt. Weitere Vorteile der Ernährung nach Montignac sind: eine Verbesserung der Cholesterinwerte, eine deutliche Senkung der Triglyzeride sowie eine Senkung des Blutzucker- und des Insulinspiegels. Damit besteht ein vermindertes Risiko an Diabetes Typ II zu erkranken.

Was ist der glykämische Index?

Der **glykämische Index** gibt das Glykämiepotenzial eines Kohlenhydrates an, und wurde schon in den frühen 80igern von Dr. David Jenkins (Ernährungswissenschaftler) von der Universität Toronto entwickelt. Das heißt, er misst die Zuckermenge, die nach der Verdauung frei wird und den **Blutzuckerspiegel** dadurch erhöht. Unter **Glykämie** versteht man den Zuckergehalt bzw. Glukosegehalt im Blut. Wissenschaftlich wird der glykämische Index **„GI“** abgekürzt. Den Referenzwert 100 liefert reiner Traubenzucker.

Nahrungsmittel mit hohem glykämischen Index (> 50) sind meist raffiniert, das heißt industriell stark bearbeitet und somit auch nährstoffarm und leer, wie z. B. weißer Zucker, weißes Mehl, oder stark zerkleinert wie Maisstärke oder Kartoffelstärke. Je höher der GI ist, desto mehr Insulin muss die Bauchspeicheldrüse produzieren.

Nahrungsmittel mit einem niedrigen GI (< 50), wie z. B. Hülsenfrüchte, Vollkornprodukte und Gemüse, sind besonders vorteilhaft, da sie ein starkes „Auf und Ab“ des Insulinspiegels verhindern. Auf diese Weise lässt sich ein Leistungsabfall vermeiden und Heißhungerattacken können verhindert werden. Bei einem Kohlenhydrat mit niedrigem GI wird nur eine geringe Menge an Zucker aufgenommen. Auch die Verminderung der Fettverbrennung durch einen überschießenden Insulinausstoß kann damit ausgeschlossen werden.

Lange Zeit ging man davon aus, dass bei gleicher Kohlenhydratmenge die gleiche Blutzucker steigernde Wirkung entsteht. Neue Untersuchungen haben aber gezeigt, dass es durch die unterschiedliche Verdaulichkeit von Stärke zu ganz verschiedenen Erhöhungen kommen kann, trotz gleich aufgenommener Kohlenhydratmenge.

Info *Generell kann man sagen: Je mehr stärkehältige Lebensmittel be- und verarbeitet sind – desto höher ist der GI.*

Faktoren, die den glykämischen Index beeinflussen

Struktur der Stärke

Ein Stärkekorn besteht aus Amylose und Amylopektin. Wenn Stärkekörner mit Wasser erhitzt werden, nehmen sie Wasser auf und quellen auf. Diesen Vorgang nennt man Stärkegelatinierung. Je niedriger der Amyloseanteil ist, desto stärker ist die Gelatinierung und umgekehrt. Je mehr Stärke gelatiniert, desto höher ist die Glykämie. Das heißt, je weniger Amylose in Stärke enthalten ist, desto höher ist ihr glykämischer Index.

Michel Montignac gibt dazu in seinem Buch „Montignac 100 Rezepte" ein gutes Beispiel mit Kartoffeln und Linsen. Er vergleicht eine Portion von 285 g Kartoffeln und eine Portion von 230 g Linsen. Beide Portionen haben 200 kcal. Wenn Kalorie gleich Kalorie wäre, würden dem Körper je 200 kcal als Energie zur Verfügung stehen.

Kartoffeln haben aber einen hohen Amylopektin- und einen sehr geringen Amylosegehalt und werden daher zu etwa 80 Prozent durch die Verdauungsenzyme verdaut. Das heißt, dass 80 Prozent der 200 kcal der Stärke in Zucker umgewandelt werden und so 160 kcal dem Körper tatsächlich an Energie zur Verfügung stehen und auch ins Blut gelangen.

Linsen haben dagegen einen geringen Amylopektin- und dafür einen hohen Amyloseanteil und werden zu etwa 20 Prozent durch die Verdauungsenzyme verdaut. Das heißt, dass nur 20 Prozent der 200 kcal der Stärke in Zucker umgewandelt werden und nur 40 kcal dem Körper tatsächlich an Energie zur Verfügung stehen und auch ins Blut gelangen.

Der Unterschied liegt darin, dass es bei den Linsen nur zu einer schwachen Erhöhung des Blutzuckerspiegels und auch nur zu einer geringen Insulinausschüttung kommt.

Michel Montignac konnte so den Beweis erbringen, dass Kalorie nicht gleich Kalorie ist. Es hat keinen Sinn, Kalorien zu zählen und einzusparen, sondern entscheidend sind die Kombination und richtige Auswahl von Kohlenhydraten und Fetten.

Erwärmung und Wasseraufnahme

Durch Wärme und Wasseraufnahme kommt es zu einer Erhöhung des GI. Rohe Karotten haben einen GI von 30, je länger sie gekocht werden, desto höher ist ihr Index. Alle gepufften Getreidesorten, wie z. B. Popcorn, haben einen erhöhten GI, ebenso alle industriell hergestellten Flocken, wie z. B. Cornflakes.

Pastifizierung von Hartweizen

Damit ist ein technisches Verfahren gemeint, durch das verhindert wird, dass die Stärke aufquillt und gelatiniert, wie z. B. bei Spaghetti. Diese werden unter hohem Druck gepresst, dadurch bleibt der GI niedrig (40). Frische Teigwaren wie Tortellini werden händisch aus dem Teig geschnitten und haben daher einen höheren GI (70), obwohl sie aus demselben Teig sind.

Kochen

Auch das Kochen der Teigwaren wirkt sich auf den GI aus. Wenn Spaghetti al dente gekocht werden, bleibt er moderat. Werden sie lang gekocht, so steigt der GI, da die Gelatinierung der Stärke beschleunigt wird.

Abkühlen und Aufwärmen

Kühlt man die Stärke ab, senkt sich auch der GI, das nennt man Retrogradation. Retrogradierte Stärke, die wieder aufgewärmt wird, verliert einen Teil ihrer Gelierfähigkeit (ca. 10 %), das heißt, der GI sinkt mit dem Aufwärmen.

Kalte Hülsenfrüchte haben einen noch niedrigeren GI als gekochte. Wenn gekochte Teigwaren in Form eines Nudelsalats kalt gegessen werden, senkt sich ebenfalls der GI. Bei altem Brot sinkt der GI, weil die Feuchtigkeit nach außen wandert, ebenso beim Toasten.

Eiweiß- und Ballaststoffgehalt

Bei glutenhältigen Getreideprodukten, wie z. B. Hartweizen, kann der natürliche

Eiweißgehalt den GI senken. Die vorhandenen Gluten verlangsamen die Funktion der Verdauungsamylasen. Die alten Weizensorten haben 2- bis 3-mal so viele Gluten, erhöhen daher den Blutzuckerspiegel nicht so stark wie die neuen hoch gezüchteten Sorten.

Lösliche Ballaststoffe, wie sie in Hülsenfrüchten, Obst, Gemüse, aber auch im Hafer vorkommen, senken den GI.

Reife- und Alterungsgrad

Mit dem Reifegrad steigt der GI. Je reifer das Obst – desto höher der GI. Ebenso steigt der GI mit der Lagerung, je länger z. B. Kartoffeln, Rüben und Kürbisse gelagert werden, desto höher der GI.

Feinheitsgrad

Je mehr das Stärkekorn zerkleinert wird, desto höher ist der Index, wie z. B. bei Mehl. Je feiner das Mehl, desto höher der Index. Wenn Kartoffeln zu Flocken verarbeitet werden, wie es bei Püree der Fall ist, dann erhöht sich ebenfalls der GI.

Info

Die glykämische Last (GL) stellt eine Erweiterung des GI dar. Beim GI wird die Blutzuckerreaktion auf die Einnahme von 50 g Kohlenhydraten aus einem Nahrungsmittel bestimmt. Dieser Wert wird in Relation gestellt zur Blutzuckerreaktion von 50 g Traubenzucker. Bei der glykämischen Last hingegen wird nur der tatsächliche Kohlenhydratanteil eines Lebensmittels berücksichtigt. Man berechnet die GL, indem man den reinen Kohlenhydratgehalt (von 100 g) mit dem GI multipliziert und dann das Ergebnis durch 100 teilt. Bei der GL werden Werte kleiner als 10 als gut, von 10 bis 20 als mittel und über 20 als schlecht eingestuft. Das heißt: Je niedriger die GL eines Lebensmittels, desto weniger steigt der Blutzuckerspiegel an und umso geringer ist die Insulinausschüttung.

Beispiel:

Der GI von gekochten Karotten liegt bei etwa 85. Da Karotten aber sehr wasserreich und daher kohlenhydratarm sind, müsste man fast ein Kilo Karotten essen, um über 50 g Kohlenhydrate zu kommen. Erst dann käme es zu einer starken Blutzuckererhöhung.

Michel Montignac arbeitet mit dem GI, kennzeichnet aber Lebensmittel wie z. B. die gekochte Karotte, den Kürbis und die Melone mit einem Stern. So macht er darauf aufmerksam, dass diese Lebensmittel sehr wohl gegessen werden können, man aber achten muss:

- auf die verzehrte Menge
- auf die Zubereitungsart – diese Lebensmittel sollten ohne gesättigte Fette verzehrt werden (z. B. die Kürbiscremesuppe ohne Schlagobers, das Karottengemüse ohne Crème Fraîche)

Die Aussagekraft von GI und GL hat aber ihre Grenzen, da man immer die gesamte Mahlzeit, die gegessen wird, betrachten muss. Dabei spielen neben dem GI auch der Fett-, Eiweiß- und Ballaststoffgehalt der anderen Speisen eine große Rolle.

Letztendlich ist das glykämische Resultat (kurz GR) entscheidend. Das Glykämische Resultat zeigt die durchschnittliche Erhöhung des Blutzuckerspiegels am Ende einer Mahlzeit an. Es berücksichtigt somit die Wechselwirkung der verschiedenen gegessenen Lebensmittel.

Deshalb ist es auch möglich, Lebensmittel mit hohem GI, z. B. die Kartoffel (aber nicht kombiniert mit gesättigten Fetten oder Transfetten), innerhalb einer Mahlzeit mit Fisch und Gemüse oder Salat zu verzehren, ohne dass es zu einem starken Anstieg des Blutzuckerspiegels kommt. Wichtig dabei ist, zuerst Eiweißreiches oder Kohlenhydratreiches mit sehr niedrigem GI zu essen, um die Auswirkungen des schlechten Kohlenhydrates zu mindern.

Frühe Vertreter der Vollwerttheorie wie Werner Kollath und Max-Otto Bruker hätten große Freude an den heutigen Glyx-Tabellen gehabt. Denn sie könnten sich in ihrem Rat, möglichst viele rohe und naturbelassene Lebensmittel zu essen, bestätigt sehen. Das Entfernen der Ballaststoffe beim Getreide wirkt sich besonders ungünstig auf den Blutzuckerspiegel aus. Aus diesem Grund führen stark verarbeitete Lebensmittel, im Speziellen weißes Mehl und weißer Zucker sowie Fertigprodukte, schnell zu Übergewicht. Auch wenn man gar nicht so viel davon isst. Kalorien sind eben nicht gleich Kalorien!

Wie funktioniert die Montignac-Methode?

Das erste Prinzip besteht darin, nicht Kalorien zu zählen.

Das zweite Prinzip ist der Verzehr von Kohlenhydraten mit niedrigem (GI bis 50) und sehr niedrigem glykämischen Index (GI bis 35). Diese Kohlenhydrate bewirken nur einen schwachen Blutzuckeranstieg und daher nur eine geringe Insulinausschüttung. Das hat den Vorteil, die Gewichtszunahme zu verhindern und reaktionelle Hypoglykämie (Unterzuckerung) zu vermeiden.

Die Quintessenz daraus ist, dass die sehr guten Kohlenhydrate (GI bis 35) mit einer beliebigen Menge an Eiweiß und Fett kombiniert werden dürfen.

Die guten Kohlenhydrate (GI von 35–50) sollte man nicht mit Fett kombinieren. Ausnahmen sind geringe Mengen an pflanzlichen Ölen, z. B. kalt gepresstes Olivenöl oder Omega-3-Fettsäuren in Fisch.

Unter der Berücksichtigung des glykämischen Resultats ist es in Phase II sogar erlaubt, auch Kohlenhydrate mit hohem GI zu essen, das heißt, alle Kohlenhydrate sind möglich.

Die Montignac-Methode ist keine Diät im engeren Sinne, da sie keine Mengenbeschränkungen vorsieht. Es handelt sich stattdessen um eine völlig ausgewogene Ernährungsweise. Sie beruht darauf, in jeder Nahrungsmittelkategorie die Nahrungsmittel auszuwählen, deren Wirkung auf den Stoffwechsel dazu führt, die Ansammlung von Fettreserven zu senken bzw. zu vermeiden.

Da die Ernährungsweise nicht eingeschränkt ist, kommt es zu keinen Mangelerscheinungen. Sie ist im Gegenteil reich an Mikronährstoffen. Deshalb eignet sie sich auch sehr gut für Kinder.

Montignac geht davon aus, dass für die Gewichtszunahme vor allem die übermäßige Ausschüttung von Insulin entscheidend ist. Die wissenschaftlichen Studien ergaben, dass ein Zusammenhang zwischen Fettleibigkeit (Adipositas) und dem Hyperinsulinismus besteht (davon spricht man, wenn die Bauchspeicheldrüse überdurchschnittlich viel Insulin produziert). Durch den Insulinüberschuss werden Fette aus den Lebensmitteln nicht verbrannt, sondern verstärkt als Reserve gespeichert. Gleichzeitig wird der Fettabbau heruntergefahren und das führt zu Übergewicht.

Essen nach dem glykämischen Index bis 50 steigert auch in den meisten Fällen die Qualität der Ernährung und es kommt durch den hohen Obst- und Gemüsekonsum zu einer höheren Aufnahme von lebenswichtigen Vitaminen, Mineralstoffen und sekundären Pflanzenstoffen. Ebenfalls kommt es zu einer lang anhaltenden Sättigung.

Bei hartnäckigem Übergewicht sollten auch Nahrungsmittelunverträglichkeiten bzw. Allergien abgeklärt werden. Bei einer Nahrungsmittelunverträglichkeit kann durch vermehrt gebildete Zytokine der Insulinhaushalt negativ beeinflusst werden, so schlimmstenfalls Übergewicht entstehen und die Gewichtsabnahme massiv erschwert werden. Bei Verdacht auf eine Nahrungsmittelunverträglichkeit empfiehlt sich ein Yorktest. Dieser einfach und rasch durchführbare Bluttest, den man auch zu Hause machen kann, ist mehrfach wissenschaftlich bestätigt. Ein Tropfen Blut genügt zur sicheren Diagnose. Dabei kann in zwei Stufen zuerst abgeklärt werden, ob eine Nahrungsmittelunverträglichkeit vorliegt oder nicht, und in einem weiteren Schritt die Problemverursacher entlarvt werden. Dadurch werden die Kosten der Anwendung minimiert. Die Auswertung dauert nur wenige Tage und die Resultate erlauben eine gezielte und selektive Ernährungsumstellung.

Nähere Auskünfte erhalten Sie unter www.yorktest.at

Die zwei Phasen der Montignac-Methode

Montignac teilt die Mahlzeiten in zwei Typen ein. Entweder empfiehlt er eine Eiweiß-Fett-Mahlzeit (Lipid-Protein-Mahlzeit) oder eine Kohlenhydrat-Eiweiß-Mahlzeit (Kohlenhydrat-Protein-Mahlzeit). Abgeraten wird von einer gleichzeitigen Aufnahme von Fetten und Kohlenhydraten (Fett-Kohlenhydrat-Mahlzeit), wie z. B. Pommes frites. Dies ist die ungünstigste Kombination und begünstigt eine Gewichtszunahme.

Phase I ist die Phase der Gewichtsreduktion und der Wiedererlangung der Vitalität Sie haben dabei zwei Mahlzeitmöglichkeiten:

> Eiweiß-Fett-Mahlzeit: Erlaubt sind Eiweiß und Fette (Fleisch, Eier, Käsesorten, Öle usw.). Die dazu gegessenen Kohlenhydrate sollten höchstens einen GI von 35 haben, z. B. Steak mit Spiegelei, Fisolengemüse und Blattsalat.

> Kohlenhydrat-Eiweiß-Mahlzeit: Erlaubt sind Kohlenhydrate mit einem GI zwischen 35 und 50. Fett darf im Laufe derselben Mahlzeit nur in Form von fettem Fisch (gekocht, gegrillt oder gegart) und sparsam verwendeten kalt gepressten Pflanzenölen gegessen werden. Milchprodukte sollten bei dieser Mahlzeit ebenfalls nahezu fettfrei sein, z. B. Vollkornspaghetti mit fettfreiem Sugo und Garnelen.

Die Dauer der Phase I kann ganz individuell sein und hängt von vielen Faktoren ab. So kann es sein, dass Sie schon viele Diäten hinter sich haben und daher nur langsam abnehmen werden. Auch das jeweilige Alter und Ihre Bewegungsfreude spielen eine große Rolle. Und letztendlich ist auch entscheidend, wie viele Kilos Sie abnehmen möchten. Als Grundregel könnte man das Erreichen des Idealgewichts nennen, um dann langsam und schleichend in Phase II zu gehen.

Sollten Sie die Phase I allerdings zu früh beenden, dann riskieren Sie, dass Ihre Bauchspeicheldrüse sich noch nicht genügend erholen konnte, um alle Stoffwechsel- und Verdauungsfunktionen ins Gleichgewicht zu bringen. Montignac empfiehlt daher, sich für die Phase I mindestens 2 bis 3 Monate Zeit zu nehmen.

Das sollten Sie in Phase I beachten:

- Kohlenhydrate über einem GI von 50 gänzlich meiden.
- Kohlenhydrate über einem GI von 35 nicht mit Fetten kombinieren.
- Zucker, Weißmehlprodukte und weißen Reis vom Speiseplan streichen.
- Nur 100-prozentiges Vollkorn-, Kleie-, oder Vollkornknäckebrot essen (zum Frühstück).
- Kartoffeln, speziell in Verbindung mit Fett, z. B. Bratkartoffeln, vom Speiseplan streichen.
- Pasteten und Terrinen meiden, denn diese enthalten meist Weißmehl.
- Obst wegen der schlechten Verdaulichkeit immer 1/2 Stunde vor oder 2 bis 3 Stunden nach den Mahlzeiten essen, wenn möglich mit der Schale, z. B. Äpfel.
- Eine Ausnahme bei Obst bilden alle roten Beeren und gekochte Obstsorten, diese können auch kurz nach dem Essen gegessen werden.
- Orangen so oft wie möglich nicht zu Saft pressen, sondern mit den Ballaststoffen essen.
- In Phase I auf Alkohol in jeder Form verzichten.
- Starken Kaffee meiden, am besten koffeinfreien Kaffee trinken.
- Nie eine Mahlzeit auslassen und 3 Mahlzeiten pro Tag einnehmen.
- Gesättigte Fette einschränken, Transfette vermeiden und gute Fette in Form von einfach- und mehrfach ungesättigten Fettsäuren bevorzugen.
- Beim Essen wenig trinken, um die Magensäfte nicht zu verdünnen.
- Immer bei Tisch, niemals im Stehen essen, die Speisen gut kauen.
- Nicht fernsehen oder arbeiten, sondern sich nur aufs Essen konzentrieren.
- Vermeiden Sie Limonaden und industrielle Fruchtsäfte, diese enthalten unnötigen Zucker. Fruchtsäfte am besten selbst pressen.
- Nach einer Kohlenhydratmahlzeit 3 Stunden warten, bevor Sie Fette essen.
- Nach einer fettreichen Mahlzeit 4 Stunden warten, bevor Sie Kohlenhydrate essen.
- Viele ballaststoffreiche Lebensmittel wie Hülsenfrüchte, Gemüse und Salate essen.

Diese Aufzählung darf aber nicht als erschöpfende Fassung der Montignac-Methode betrachtet werden. Es kommt bei Ihrer Mahlzeit immer auf die Ausgewogenheit in Bezug auf die guten Kohlenhydrate sowie das richtige Maß an Eiweiß, guten Fetten, Mineralstoffen und Vitaminen an.

Es ist wichtig zu verstehen, dass es bei der Montignac-Methode in Phase I nicht darum geht, Kohlenhydrate oder Fette wegzulassen, sondern die Kohlenhydrate und Fette nach ihrer gesundheitsfördernden Wirkung auszusuchen.

Wollen Sie schnell abnehmen, dann ist es wichtig, sich streng an die Regeln zu halten und wenig Ausnahmen zu machen! Ist Ihnen die Phase I zu streng, so ist es auch möglich, sich nur durch Phase II langsam seinem Wunschgewicht zu nähern. Es kommt immer darauf an, ob und wie viel an Gewicht Sie abnehmen möchten und wie Ihre Bauchspeicheldrüse arbeitet.

Möchten Sie nicht abnehmen und sich nur ausgeglichen ernähren, dann ist die Phase II für Sie ideal. Phase II ist die Phase der Stabilisierung und kann das ganze Leben lang dauern.

Sie verkörpert die ausgewogene Ernährung, die Montignac als Idealzustand betrachtet. Ihre Mahlzeit kann aus Eiweiß, Fett und allen Kohlenhydraten bestehen, deren GI kleiner oder gleich 50 ist.

Das sollten Sie in Phase II beachten:

- Schlechte Kohlenhydrate (über 50) und Fette nicht kombinieren. Wenn es doch passiert, dann möglichst wenig davon und gleichzeitig viele Ballaststoffe essen, z. B. wenig Pommes frites mit einer großen Schüssel Salat.
- Zucker meiden. Montignac empfiehlt Fruktose, ich empfehle Ihnen Agavensirup, da dieser einen GI von 15 hat und sehr neutral ist, was Geschmack und Farbe betrifft.
- Bei den stärkehältigen Lebensmitteln Naturreis, Vollkornnudeln und Hülsenfrüchte bevorzugen.

- Brot in Form von Vollkornbrot sollte laut Montignac nur zum Frühstuck verzehrt werden, keinesfalls zum Abendessen. Mittags dürfen Sie ein Stück Vollkornbrot essen, wenn Sie eine kalte Mahlzeit verzehren. Betrachten Sie das aber als Ausnahme.
- Nur Saucen ohne Mehl und modifizierte Stärke essen.
- Weiterhin nur Magermilchprodukte essen.
- Geben Sie Fischen den Vorzug, um sich vor Herz-Kreislauf-Erkrankungen zu schützen.
- Obst weiterhin wegen der schlechten Verdaulichkeit immer mindestens ½ Stunde vor und 2 bis 3 Stunden nach den Mahlzeiten essen, wenn möglich mit der Schale, z. B. Äpfel.
- Ausnahme bei Obst sind alle roten Beeren und gekochtes Obst, dies kann auch kurz nach dem Essen gegessen werden.
- Nach Möglichkeit Süßspeisen, die Mehl und raffinierten Zucker enthalten, meiden.
- Als Nachspeise eignen sich dagegen sämtliche rote Beeren, Schokoladen mit einem Kakaoanteil von 70 Prozent bzw. Sorbets, Konditoreis, Cremes auf Frucht- oder Eierbasis mit wenig Zucker, Torten und Kuchen ohne Mehl und ohne weißen Zucker.
- Möglichst wenig Wasser während der Mahlzeiten trinken, sondern zwischen den Mahlzeiten Flüssigkeit aufnehmen.
- Weiterhin alkoholische Getränke nie auf nüchternen Magen trinken, am besten am Ende einer Mahlzeit in kleinen Mengen.
- Aperitifs und Digestifs meiden. Ein Tomatensaft als alkoholfreier Aperitif eignet sich dagegen bestens. Wenn Sie einen alkoholischen Aperitif trinken, dann sehr trockenen Sekt oder trockenen Weißwein. Zuvor aber unbedingt Käse, Schinken, Garnelen, Oliven, Nüsse oder zumindest Rohkost essen.
- Vermeiden Sie generell gesüßte Getränke wie Cola, Eistee etc.
- Weiterhin empfiehlt Montignac koffeinfreien Kaffee oder schwachen Kaffee und Tee.
- In dieser Phase können Sie sich Abweichungen erlauben, wichtig dabei ist nur diese entsprechend zu managen.

Beispiel:

Entscheiden Sie sich für ein typisch wienerisches Dessert wie eine Torte, ein Stück Kuchen oder Palatschinken, so meiden Sie eine kohlenhydratreiche Hauptspeise wie Nudeln und essen dafür z. B. eine Portion Grillhuhn oder Fisch mit Gemüse und Salat.

Falls Sie eine große Portion Nudeln essen, dann wählen Sie ein Dessert mit wenig Kohlenhydraten, wie z. B. rote Beeren, ein Sorbet oder Schokolade mit einem Kakaoanteil von mindestens 70 Prozent.

Für eine noch ausführlichere Erläuterung der Montignac-Methode möchte ich Sie auf seine diversen Bücher hinweisen, im Speziellen auf Michel Montignacs Standardwerk „Essen gehen und dabei abnehmen“, welches laufend neu überarbeitet wird.

Welche Fette sind erlaubt?

Unsere Nahrung setzt sich aus verschiedenen Bestandteilen zusammen. Zu den drei Hauptnährstoffen zählen Eiweiße, Kohlenhydrate und Fette. Weitere wichtige Bestandteile sind: Vitamine, Wasser und Mineralstoffe, Spurenelemente und Ballaststoffe.

Während Eiweiße vor allem dem Aufbau der Muskulatur, des Blutplasmas und der Enzyme dienen, sind die Kohlenhydrate und Fette Energielieferanten und Speicherstoffe zugleich. Die Fette dienen auf der einen Seite als Depotfett, zur langfristigen Energiereserve, worauf der Körper im Notfall (bei krankheitsbedingter Gewichtsabnahme oder bei Hungerkuren) zurückgreifen kann, auf der anderen Seite dienen sie als Organfett und schützen Organe, wie z. B. den Magen oder die Niere, durch einen lebenswichtigen Fettpolster. Der Organismus kann aber auch, falls ihm keine Fette zur Verfügung stehen, aus Kohlenhydraten Fette erzeugen.

Fette sind auch wichtig als Träger der fettlöslichen Vitamine A, D, E und K. Deshalb ist es auch nicht sinnvoll, Salate bzw. Gemüse ganz ohne Fette bzw. Öle zu essen. Fette sind ein wichtiger Geschmacksträger, daher schmecken uns meist fettreiche Speisen besser.

Feste Fette werden als Fett und flüssige Fette als Öl bezeichnet. Fette selbst sind wasserunlöslich und benötigen immer ein Vehikel, so genannte Lipoproteine, die einen Transport im Blut überhaupt erst möglich machen. Für die Fettverdauung sind, wie bei den Kohlenhydraten, eine Reihe von Enzymen zuständig.

Fette teilt man je nach ihrer Herkunft in tierische und pflanzliche Fette ein. Besser ist es aber, die Fette gleich nach ihrer chemischen Formel einzuteilen.

Man unterscheidet:

- gesättigte Fettsäuren (z. B. in Fleisch, Wurst, Eiern, Milchprodukten und in Kokosfett)
- einfach ungesättigte Fettsäuren (z. B. in Olivenöl, Rapsöl, Gänse- oder Entenfett)
- mehrfach ungesättigte Fettsäuren (z. B. in Fisch-, Lein-, Distel-, Kürbiskern- oder Rapsöl)
- Transfette
  Bei diesen wurde die chemische Beschaffenheit durch industrielle Bearbeitung oder durch Erhitzen verändert. Solche Fette finden wir unter der Bezeichnung „Transfette“ oder „gehärtete Fette“ in Frittiertem, Backwaren, Keksen, Knabbergebäck wie Chips und in vielen Fertiggerichten. Die Industrie macht sich die Härtung von Fetten zunutze, um ihre Haltbarkeit zu verlängern.

Fette liefern dem Körper doppelt sie viel Energie wie Eiweiß oder Kohlenhydrate, weshalb sie meist bei einer Gewichtsreduktion stark eingeschränkt werden. Viel wichtiger ist es aber, genau zu unterscheiden, um welche Fette es sich handelt. Denn mehrfach ungesättigte Fette tragen sogar dazu bei, den Stoffwechsel zu verbessern, was auch zu Gewichtsverlust führen kann, während die gesättigten das Gegenteil bewirken.

Die Fettzufuhr sollte nicht mehr als 20 bis 30 Prozent der Kalorienzufuhr ausmachen, das entspricht je nach Körpergewicht zwischen 60 und 80 g Fett pro Tag. Der tatsächliche Fettverbrauch liegt aber meist deutlich höher. Es ist jedoch, wie schon erwähnt, weniger die Energiemenge, sondern deren Qualität, die den Stoffwechsel destabilisiert und die Bildung von Fettreserven begünstigt.

Gesättigte Fette finden sich vorwiegend in tierischen Nahrungsmitteln wie Fleisch-, Wurst-, Milchprodukten und Butter. Kokosfett und Palmfett sind zwar pflanzlichen Ursprungs, haben aber auch gesättigte Fette. Diese gesättigten Fettsäuren finden sich oft in versteckter Form in Wurst, Käse und Kuchen. Gesättigte Fette tragen nicht nur zu einer Erhöhung des Körpergewichts bei, sondern erhöhen auch die Blutfette und damit das Risiko für Herz-Kreislauf-Erkrankungen und fördern durch ihre Arachidonsäure Entzündungen.

Einfach ungesättigte Fettsäuren wie die Ölsäure in kalt gepressten Pflanzenölen, z. B. Olivenöl und Rapsöl, und in Avocados, wirken sich dagegen günstig auf die Blutfette aus. Sie sind hitzebeständiger als die mehrfach ungesättigten Fettsäuren und können daher gut zum Kochen bzw. Erhitzen verwendet werden.

Gesättigte und einfach ungesättigte Fettsäuren kann der Körper aus kleineren Molekülen aufbauen oder aus Kohlenhydraten umbauen. Nicht aufbauen kann der Körper dagegen die mehrfach ungesättigten Fettsäuren, die deshalb auch als essenzielle Fettsäuren bezeichnet werden. Zu ihnen gehört die Omega-3-Fettsäure (Linolensäure), die in Fischölen und manchen Pflanzenölen (Leinsamen-, Raps- und Sojaöl) vorkommt, und die Omega-6-Fettsäure (Linolsäure), die in Pflanzenölen wie Distelöl, Lein- und Sonnenblumenöl enthalten ist.

Diese ungesättigten Fettsäuren sind Voraussetzung für eine einwandfreie Fett- und Eiweißverbrennung in den Zellen und bremsen die Ablagerung von überschüssigem Depotfett. Auf Grund ihres elastischen Charakters verleihen sie den Zellmembranen ihre Elastizität. Essenzielle Fettsäuren steigern die Sauerstoffauswertung der inneren Atmung (Zellatmung), indem sie die Atmungsfermente mit Hilfe von Spurenelementen und Vitaminen aufbauen. Diese Fette sind auch entzündungshemmend und wirken sich positiv auf das Immunsystem aus.

Transfette dagegen erhöhen nach wissenschaftlichen Erkenntnissen das Risiko von Arteriosklerose und somit das Risiko von Herzinfarkten und Hirnschlägen. Sie wirken sich auch auf den Cholesterinspiegel negativ aus, indem sie das LDL (das schlechte Cholesterin) erhöhen und das HDL (das gute Cholesterin) verringern. Ferner tragen sie zu Lernschwierigkeiten von Kindern und Jugendlichen bei und erhöhen auch das Risiko für Diabetes Typ II. Diese Fette kommen in der Natur nicht vor, das heißt, sie sind chemisch veränderte ungesättigte Fettsäuren, die sich die Industrie zunutze macht, um ihre Haltbarkeit zu erhöhen und sie höher erhitzen zu können.

Die richtige Fettzufuhr sollte daher folgendermaßen aussehen:

- 25 Prozent bis max. 33 Prozent gesättigte Fettsäuren (enthalten in allen tierischen Produkten außer Fischfetten, wie z. B. Fleisch, Wurst, Milchprodukte, Käse, Butter, Kokosfett)
- 33 bis 50 Prozent einfach ungesättigte Fettsäuren (Raps-, Olivenöl)
- 25 bis 33 Prozent hoch ungesättigte Fettsäuren (Fisch, Nüsse, Leinöl, Kürbiskernöl, Rapsöl, Distelöl)

Resümee für die Montignac-Methode:

Gesättigte Fette sollten eingeschränkt und Transfette gänzlich vermieden werden. Einfach ungesättigte Fettsäuren wie die Ölsäure in Oliven- und Rapsöl sowie in Avocados und mehrfach ungesättigte Fettsäuren wie die Omega-3-Fettsäuren in Raps- und Kürbiskernöl, Nüssen und im Fett von Makrele, Lachs und Hering und die Omega-6-Fettsäuren in Mais- und Sonnenblumenöl sollten bevorzugt werden.

Wie viel Eiweiß brauchen wir?

Eiweiße oder Proteine werden zum Aufbau und zur Erneuerung von Zellen und Gewebe gebraucht. Da aus Fetten und Kohlenhydraten kein Eiweiß aufgebaut werden kann, ist die regelmäßige Zufuhr aus der Nahrung lebenswichtig. Der Name Protein leitet sich vom griechischen Wort „proteos" (= „an erster Stelle stehend") ab. Von 20 Eiweißbausteinen (Aminosäuren) sind 8 essenziell, diese können nicht vom Körper selbst hergestellt werden. 2 weitere gelten als bedingt essenziell, das heißt, sie sind für das Wachstum oder während der Genesung essenziell.

Eiweißstoffe kommen in fast allen tierischen und pflanzlichen Lebensmitteln vor. Achten Sie auf eine ausgewogene Kombination von tierischem und pflanzlichem Eiweiß. Der Idealfall wäre ein Drittel tierisches Eiweiß (Eier, Käse, Fleisch,

Fisch) und zwei Drittel pflanzliches Eiweiß (Soja, Nüsse, Hülsenfrüchte, Getreide). Leider kann pflanzliches Eiweiß nicht so gut für den Körper aufbereitet werden wie tierisches. Eine Ausnahme bildet die Sojabohne. Tierisches Eiweiß ist dem körperlichen Eiweiß ähnlicher und kann deshalb auch besser in Körpereiweiß umgebaut werden, das heißt, es hat eine höhere Wertigkeit. Eine besonders hohe Wertigkeit hat das Protein in Eiern (Wertigkeit 100). Durch die Kombination verschiedener Eiweißquellen kann man aber die Wertigkeit stark erhöhen, z. B. Getreide mit Hülsenfrüchten, Ei mit Topfen etc.

Da der menschliche Körper Eiweiß nicht speichern kann, muss es täglich mit der Nahrung zugeführt werden. Wenn kein Eiweiß zugeführt wird, ist der Körper gezwungen, Eiweiß vorwiegend aus der Muskelmasse abzubauen. Daher ist es wichtig, gerade bei einer Gewichtsreduktion genügend Eiweiß zu essen.

Der Tagesbedarf an Proteinen beträgt etwa 0,8 g pro kg Körpergewicht (Sollgewicht), ist aber natürlich abhängig von Körpergewicht und Lebensart. So haben Kinder, Jugendliche, Schwangere und Stillende einen erhöhten Bedarf. Bei Stress, körperlicher Betätigung, Infektionskrankheiten, bei der Wundheilung, im Leistungssport und im Alter besteht ebenfalls ein erhöhter Eiweißbedarf. Bei zu wenig Eiweiß kann es zu Muskelschwund, welker Haut und einer verminderten Abwehrreaktion kommen. Bei zu hoher Proteinzufuhr, speziell bei zu hohem Fleisch- und Fischkonsum, kann es zu vermehrter Harnsäurebildung kommen. Dies kann die Entstehung von Gicht begünstigen.

Was ist der Blutzucker?

Kohlenhydrate sind wesentliche Bestandteile unserer Nahrung und setzen sich aus den drei Elementen Kohlenstoff, Sauerstoff und Wasserstoff zusammen. Sie werden von Pflanzen mit Hilfe von Sonnenlicht, Wasser, Chlorophyll sowie Kohlendioxid aus der Luft im Rahmen der Photosynthese gebildet und dienen als Gerüstsubstanzen von Zellwänden, als Reservestoffe (Stärke, Glykogen) und als Energie- und Geschmacksverstärker. Sie werden auch häufig ganz allgemein als „Zucker“ bezeichnet.

Die chemisch am einfachsten gebauten Kohlenhydrate sind die Monosaccharide, z. B. Glukose. Sie sind die Grundbausteine für alle anderen Kohlenhydrate.

Zucker oder Glukose (vom griechischen „glukus“ = süß) ist der wichtigste Treibstoff des Organismus. Gehirn, Nierenmark und die roten Blutkörperchen decken ihren Energiebedarf ausschließlich aus der Glukose.

Je nach Anzahl ihrer Bausteine werden sie in drei Gruppen eingeteilt.

- **Monosaccharide oder Einfachzucker**
  Dazu zählen Fruchtzucker (Fruktose) und Traubenzucker (Glukose), enthalten in Obst, und Schleimzucker (Galaktose), enthalten in der Milch.
- **Disaccharide oder Zweifachzucker**
  Dazu zählen Haushaltszucker (Saccharose), Milchzucker (Laktose) und Malzzucker (Maltose), enthalten in weißem Zucker, braunem Zucker, Honig, Milch, Kandiszucker.
- **Polysaccharide oder Vielfachzucker**
  Dazu zählen Stärke, Glykogen, Zellulose, Pektin, Inulin, enthalten in Getreide, Gemüse und Obst.

Die chemisch am einfachsten aufgebauten Kohlenhydrate sind die Monosaccharide, z. B. Glukose. Sie sind die Grundbausteine für alle anderen Kohlenhydrate.

Kohlenhydrate wurden daher lange Zeit in **schnelle Zucker** (einfache Kohlenhydrate), wie sie in Monosacchariden und Disacchariden, und in **langsame Zucker** (komplexe Kohlenhydrate), wie sie in Polysacchariden vorkommen, eingeteilt. Man ging davon aus, dass die Umsetzung (Assimilation) der einfachen Kohlenhydrate durch den Organismus wegen des einfachen Aufbaus rasch erfolgt, während die Umsetzung der komplexen Kohlenhydrate (Umwandlung von Stärke in einfache Zucker) langsam erfolgt. Wie neue wissenschaftliche Experimente gezeigt haben, werden aber alle Kohlenhydrate – einfach oder komplex – im selben Zeitraum vom Körper absorbiert. Die höchste Blutzuckerkonzentration (Blutzuckerspitze) im Blut für alle Kohlenhydrate, die auf nüchternen Magen gegessen werden, tritt innerhalb derselben Zeitspanne auf. Daher werden heute die Kohlenhydrate nach ihrem Potenzial, mit dem sie eine Überzuckerung (Hyperglykämie) des Blutes verursachen, nach dem glykämischen Index, eingeteilt.

Der Transport erfolgt stets über das Blut. Deshalb zeigt der Blutzucker den Gehalt der im Blut befindlichen Glukose an. Glykämie ist der Zuckergehalt bzw. Glukosegehalt im Blut. Nüchtern beträgt der Blutzuckergehalt normalerweise 1 g pro Liter Blut oder 100 mg/dl.

Nach dem nüchternen Verzehr eines Kohlenhydrates kann man die Veränderung des Blutzuckerspiegels beobachten. Zuerst steigt der Blutzuckerspiegel, anschließend, nach einer Insulinsekretion durch die Bauchspeicheldrüse, sinkt der Blutzuckerspiegel wieder. Die Glukose dringt in die Zellen ein. Insulin entfernt den Zucker aus dem Blut. In der dritten Phase sinkt der Blutzuckerspiegel wieder.

Werden jedoch häufig zu viele Kohlenhydrate mit hohem GI gegessen, muss die Bauchspeicheldrüse zu oft und zu große Mengen an Insulin freisetzen, das kann wiederum leicht zu einer Unterzuckerung (Hypoglykämie) führen. Das heißt, der Blutzuckerspiegel sinkt auf ein zu niedriges Niveau. Diese Unterzuckerung ist also die Folge von zu viel konsumiertem Zucker, und nicht von zu wenig, und resultiert aus einer zu hohen Insulinausschüttung (Hyperinsulinämie). Wenn zu viel Insulin im Spiel ist, ist nicht nur die Fettverbrennung unterbunden, sondern das Insulin verhindert auch die Anhebung des Blutzuckerspiegels.

Durch diese Hypoglykämie ergeben sich viele Symptome wie Müdigkeit, Reizbarkeit, Nervosität, Aggressivität, Ungeduld, innere Unruhe, Konzentrationsschwäche, häufiges Gähnen, Kopfschmerzen, feuchte Hände, Kälteempfindlichkeit, Verdauungsstörungen, Schlaflosigkeit, Depression, Artikulationsschwierigkeiten etc.

Nahrungsmittel im Detail

1. Kartoffel

Die Kartoffel besteht zu 78 Prozent aus Wasser und enthält viel Kalium. Die große Stärke der Kartoffel liegt in ihrer basischen Wirkung, weiters ist sie leicht verdaulich und deshalb überaus gesund für Kinder und ältere Menschen. Was ihren Vitamingehalt anbelangt, so sind die meisten Vitamine in der Schale und durch die lange Lagerung kommt es nochmals zu einem Vitaminverlust.

In keinem der Kochbücher von Michel Montignac finden sich Rezepte mit Kartoffeln. In diesem Buch wurde die Kartoffel als Sonderfall behandelt, da ein Wiener Kochbuch ohne Kartoffeln den Wienern „nicht zumutbar" ist. Michel Montignac lässt kein gutes Haar an der Kartoffel. Die Kartoffel gehört nicht, wie viele glauben werden, zum Erbe des alten Europas. Denn sie wurde erst zu Beginn des neunzehnten Jahrhunderts, zu den Hungerzeiten vor der Französischen Revolution, als Getreideersatz empfohlen. Die Kartoffel stammt ursprünglich aus Peru, ist ein Nachtschattengewächs und wurde als Schweineknolle bezeichnet. Tatsache ist, dass die Kartoffel zur Aufzucht von Tieren verwendet wird, wenn diese schnell wachsen sollen. Wie neuere wissenschaftliche Untersuchungen zeigen, besitzt die Kartoffel qualitativ minderwertige Ballaststoffe, die bei der Verdauung große Mengen an Glukose/ Zucker freisetzen.

Mit Besorgnis stellte Montignac fest, dass die Kartoffel einen der höchsten glykämischen Indexe aufweist. In Form von Bratkartoffeln oder Pommes frites liegt ihr GI über dem des Zuckers. Tatsache ist aber auch, dass die Kartoffel bei uns zur heutigen Esskultur gehört und nicht von unserem Speiseplan wegzudenken ist. Sie werden daher in den nachfolgenden Rezepten Empfehlungen finden, mit denen es möglich ist, Kartoffeln zu essen. Wichtig dabei ist, diese niemals mit tierischem Fett zu kombinieren, außer mit Fischfetten.

Außerdem sollten Sie auf Kartoffeln in Phase I grundsätzlich verzichten, in Phase II sind Kartoffeln als Ausnahme (gelegentlich) erlaubt, aber nur in Form von Salzkartoffeln, Ofenkartoffelscheiben oder Folienkartoffeln. Falls Sie doch Kartoffelpüree, Kartoffelschmarren, Pommes frites oder Kartoffelsalat wählen, dann kombinieren Sie die jeweilige Speise mit magerem Fleisch, viel Salat und/oder Gemüse und verzichten Sie auf die Nachspeise. Auch das Bier würde sich sehr ungünstig auswirken, besser ist ein (weißer) „Sommerspritzer". Bedenken Sie auch: Geschmack lässt sich verändern, es muss nicht immer eine Kartoffelbeilage sein!

Info *Am schnellsten kommt es zu einer Gewichtszunahme, wenn gesättigte Fette oder Transfette mit stark Blutzucker erhöhenden Kohlenhydraten zusammen gegessen werden! Das ist bei Pommes frites oder Mehlspeisen mit Mehl, Zucker und Fett der Fall.*

2. Mais

Ähnlich wie mit der Kartoffel verhält es sich mit Mais. Mais enthält ebenfalls viel Kalium und hat einen hohen Vitamin-A-Gehalt. Ursprünglich hatte Wildmais einen niedrigen GI, aber durch die vielen Züchtungen wurde Mais immer hochglykämischer (GI 65). Mais wurde und wird wie die Kartoffel als Futtermittel verwendet. Durch die industrielle Weiterverarbeitung, wie z. B. bei Popcorn oder Maisgrieß, wird der GI nochmals beträchtlich erhöht, z. B. bei der Gans. Wenn Sie Mais essen möchten, dann geben Sie eine Hand voll Maiskörner in einen gemischten Salat. Aber kombinieren Sie Mais niemals mit gehärteten oder gesättigten Fetten, wie es bei Popcorn oder Polenta der Fall ist.

3. Teigwaren

Gute italienische Teigwaren bestehen aus Hartweizenmehl. Dieser Hartweizen gedeiht nur in wärmeren Regionen und die Teigwaren daraus, auch wenn sie aus weißem Mehl sind, haben einen niedrigen GI von 45. Aber nur wenn sie al dente gekocht werden. Vollkornteigwaren, die al dente gekocht sind, haben einen noch günstigeren GI von 40. Wenn Sie weiße Teigwaren essen, dann achten Sie darauf, dass diese aus Hartweizenmehl hergestellt wurden.

Michel Montignac empfiehlt Spaghetti, denn diese werden immer pastifiziert, das heißt, sie werden während ihrer Herstellung unter hohem Druck gepresst. Dadurch senkt sich der GI, sodass man sogar Weißmehl-Spaghetti essen kann – jedoch ohne gesättigte Fette und immer al dente.

Für NudelliebhaberInnen hat Michel Montignac eigene Nudeln entwickelt mit einem GI von nur 10. Diese können Sie unter www.montignac.de problemlos bestellen.

4. Hülsenfrüchte

Innerhalb der Montignac-Methode sind Hülsenfrüchte sehr erwünscht, deshalb werden Sie im Rezeptteil auch viele Rezepte mit Hülsenfrüchten finden. Durch ihren sehr niedrigen GI und ihre ausgewogene Kombination an Eiweiß und sehr guten Kohlenhydraten eignen sich Hülsenfrüchte wie Bohnen, Linsen, Erbsen, Kichererbsen, Sojabohnen, Zuckererbsenschoten perfekt für eine ausgewogene Ernährung. Nebenbei sind sie noch reich an Vitaminen, Mineral- und vor allem Ballaststoffen, was wiederum zu einer lang anhaltenden Sättigung führt. Zuckererbsenschoten und Erbsen kann man auch roh essen, alle anderen Hülsenfrüchte müssen unbedingt gekocht werden. Bohnen, Sojabohnen oder auch Kichererbsen sollte man vor dem Kochen einweichen, damit sie schneller weich werden. Bei den meisten Linsen ist das nicht der Fall. Kochen Sie Hülsenfrüchte immer ohne Salz, so werden diese schneller weich. Um ihre Verdaulichkeit zu fördern, fügen Sie Gewürze wie Koriander, Bohnenkraut, Anis, Kreuzkümmel, Kümmel oder Fenchel bei. Sämtliche Hülsenfrüchte sollten Sie langsam essen und gut kauen, dadurch vermeiden Sie Blähungen.

5. Die Wiener Mehlspeisen und der Zucker

Die Wiener Mehlspeisenküche hat eine lange Tradition. Man reichte ab 1800 sowohl bei Hof als auch bei privaten Einladungen Mehlspeisen immer am Ende einer Mahlzeit. Die Nachspeise vervollständigte das Festmahl. In den diversen Mehl- und Süßspeisen spiegeln sich die verschiedenen Kulturen der Monarchie wider. Charakteristisch für die Wiener Mehlspeisen waren zunächst einmal die

Germ- oder Hefespeisen und Lebkuchen. Das Backpulver wurde erst im 19. Jahrhundert erfunden.

Früher verwendete man für feinere Süßspeisen viele Eier, um den Teig zu lockern. Dagegen ging man bei den Mehlspeisen sehr sparsam mit Mehl um beziehungsweise entfernte es ganz. Es sind noch Tortenrezepte aus dem Jahr 1740 erhalten, bei denen kein Mehl zugesetzt wurde, z. B. die Schokoladentorte. In diesem Buch finden Sie Rezepte, die an diese Tradition anknüpfen.

Im 17. und 18. Jahrhundert wurde Zucker noch als Gewürz gehandelt und war auch dementsprechend teuer und nur den Adeligen vorbehalten. Dies änderte sich im 19. Jahrhundert aber durch die billige Herstellung von Zucker aus der Zuckerrübe und durch Züchtung ertragreicherer Rübensorten. So wurde der Zucker zum Volksnahrungsmittel und Bestandteil der bürgerlichen Küche.

Heute ist raffinierter Zucker zur Plage geworden und mitverantwortlich für Übergewicht. Denn raffinierter Zucker erzeugt wieder Lust auf Zucker und lässt einen genau so unbefriedigt wie eine Zigarre, wie schon Oskar Wilde am Ende des 19. Jahrhunderts feststellte. Würde man mit Zucker sparsamer umgehen und Zucker als Gewürz verwenden, so wie früher, wäre er kein Problem.

Entscheidend ist der richtige Umgang mit Zucker. Denn sehr weißes Brot hat einen höheren GI als normaler Zucker. Mit anderen Worten: Man kann den Zucker nicht für alles verantwortlich machen. Zucker, Auszugsmehle oder auch weißer Reis sind alle gleichermaßen Energieräuber, weil sie keine nennenswerten Mineralstoffe mehr haben und deshalb bei ihrer Verstoffwechselung dem Körper Mineralstoffe entziehen.

Michel Montignac verbannt Zucker ganz aus seinen Rezepten beziehungsweise ersetzt Zucker durch kleine Mengen an Fruchtzucker. Fruchtzucker verursacht aber bei empfindlichen Personen oft Verdauungsprobleme und führt zu Blähungen. Auch sind der Geschmack und die Konsistenz der Speisen anders. Zu einem guten Essen gehört, schon bedingt durch die lange Tradition, ab und zu auch eine Nachspeise. Sie werden daher im Rezeptteil Mehlspeisen und Süßigkeiten mit moderatem GI finden. Diese werden teilweise mit Agavensirup gesüßt, teilweise mit Fruchtzucker und teilweise mit Vollzucker zubereitet.

In Phase I, das heißt in der Abnehmphase, ist es nicht von Vorteil Süßspeisen zu essen, denn dadurch wird natürlich eine Gewichtsabnahme erschwert bzw. unterbunden. Sehr wohl aber kann man in Phase II eine Nachspeise wählen, falls die Hauptspeise nicht zu kohlenhydrathaltig ausgefallen ist.

Die Hauptspeisen in Phase II sind so zusammengestellt, dass fast immer eine Nachspeise möglich ist. Wichtig dabei ist nur, die Süßspeise nicht auf nüchternen Magen, das heißt nicht anstelle einer Hauptmahlzeit zu essen beziehungsweise nicht eine Torte am Nachmittag mit Alkohol wie Sekt zu genießen. Diese Kombination wirkt sich auf den Stoffwechsel sehr ungünstig aus. Optimal passt eine Nachspeise nach einer eiweißreichen Hauptspeise, wie z. B. einer klaren Suppe oder auch Gemüsesuppe, Grillhuhn oder Fisch mit Hülsenfrüchten, Gemüse und Salat. Natürlich ist mittags die günstigste Zeit für Süßes, aber es kommt auf die Nachspeisen an. Einige sind auch für abends geeignet, wie Sie noch im Rezeptteil sehen werden. Denn letztendlich ist das glykämische Resultat entscheidend. Auch das Essen ist eine Sache von gutem Management! Aber keine Angst, es ist leichter, als es auf den ersten Blick erscheint.

Info

Vollzucker wird aus Zuckerrüben durch vorsichtige Pressung und schonende Trocknung in einem Spezialverfahren gewonnen. Es bleiben dabei wertvolle Inhaltsstoffe wie natürliche Vitamine, Mineralstoffe und Spurenelemente weitgehend erhalten.

Info

Agavensirup wird aus den fleischigen Blättern der Agaven gewonnen. Im Geschmack ist er sehr neutral und in der Verarbeitung und der Süßkraft ähnlich wie Zucker. Warum Agavensirup? Weil er durch seinen hohen Fruktoseanteil einen ganz niedrigen GI von 15 hat. Das heißt, obwohl Sie Süßes essen, kommt es kaum zu einer Erhöhung Ihres Blutzuckerspiegels und daher auch kaum zu einer Insulinausschüttung. Agavensirup eignet sich bestens zum Süßen von Cremen, Puddings, Kompotten, Fruchtsalaten und roten Beeren. Er eignet sich aber auch sehr gut zum Backen. Wichtig dabei ist nur zu wissen, dass der Kuchen oder die Torte nicht so hoch wird wie mit Zucker gesüßte Kuchen und Torten. Es ist auch ratsam, eine Springform zu wählen, da der Kuchen etwas klebriger ist und dadurch schlecht aus der Form geht.

6. Süßstoffe

Süßstoffe sind im Allgemeinen zu meiden. Natürlich kann man Süßstoffe in kleinen Mengen verwenden. Studien haben aber gezeigt, dass Aspartam (chemischer Süßstoff) den Blutzucker bei der darauf folgenden Mahlzeit ungewöhnlich erhöhen kann. Ein weiterer Nachteil synthetischer Süßstoffe ist, dass sie künstlich das Verlangen nach Zucker und süßen Nahrungsmitteln aufrechterhalten. Bei vielen Menschen kommt es nach dem Verzehr von Süßstoffen zu Hungergefühlen, da dem Körper Kohlenhydrate vorenthalten werden. Es ist also besser, den Verzehr so weit wie möglich einzuschränken.

7. Schokolade mit einem Kakaoanteil von mindestens 70 %

Dass Süßes nicht unbedingt ungesund sein muss, sieht man am Beispiel Schokolade mit einem Kakaoanteil von mindestens 70 Prozent. Michel Montignac ist ein großer Befürworter dieser Schokoladen und seine Mousse au Chocolat ist legendär. Sie werden daher sein Originalrezept auch im Rezeptteil vorfinden.

Nach neuen wissenschaftlichen Erkenntnissen hat Schokolade ab einem Kakaoanteil von mindestens 70 Prozent einen gesundheitlichen Nutzen. Sie versorgt den Körper mit Polyphenolen, und durch ihre Antioxidantien hat sie auch eine herzschützende Wirkung. Das in den Kakaobohnen enthaltene

Tryptophan (die Vorstufe des Botenstoffes Serotonin, das auch als Glückshormon bezeichnet wird) ist für die leicht stimmungsaufhellende Wirkung von Schokolade verantwortlich. Auch können ihre Fette dazu beitragen, den Cholesterinspiegel zu senken.

25 g pro Tag gelten als sinnvolle Prophylaxe. Ganz nebenbei hat Schokolade mit einem Kakaoanteil von 70 Prozent eine sättigende Wirkung und einen sehr niedrigen GI von 25. Da Schokolade aber aus Fetten und Kohlenhydraten (Lipo-Kohlenhydrate) besteht, darf man sie nicht in Übermaß genießen.

Info *Polyphenole zählen zu den sekundären Pflanzenstoffen, die in fast allen Pflanzen vorkommen, und haben meist eine gesundheitsfördernde Wirkung. Einige Polyphenole wirken unter anderem auch entzündungshemmend und tragen dazu bei, das Risiko beispielsweise für einige Krebs- oder Herz-Kreislauf-Erkrankungen zu senken.*

Info *Antioxidantien oder freie Radikalfänger schützen die Körperzellen vor oxidativem Stress und schädlichen Einwirkungen so genannter freier Radikaler. Gute Quellen für Antioxidantien sind alle kräftig gefärbten Obst- und Gemüsearten wie rote Beeren, dunkle Kirschen, blaue Weintrauben, orangefarbene Früchte, grüne Paprikaschoten, Broccoli und auch Knoblauch.*

8. Obst

Obst sollte ein ganz wichtiger Bestandteil innerhalb einer gesunden Ernährung sein. Achten Sie daher auf saisonales und regionales Obst, was meist vitaminreicher ist, und essen Sie – wenn möglich – die Schale mit, z. B. beim Apfel. Obst enthält Zucker in Form von Fruktose. Durch die Ballaststoffe wird diese nur in geringer Menge freigesetzt. Rohes Obst sollte aber mit nichts anderem kombiniert werden, weder mit Kohlenhydraten, Eiweiß oder Fetten. Das ist eine wichtige Regel innerhalb der Montignac-Methode.

Info *Rohes Obst sollte grundsätzlich mit keinem anderen Lebensmittel kombiniert werden. Ausnahmen sind kleine Mengen Obst in Müslis oder Obst mit Käse.*

Obst bleibt nur sehr kurz im Magen, denn es wird fast vollständig im Dünndarm verdaut. Isst man es aber mit Stärke, bleibt das Obst zusammen mit der Stärke im Magen. Durch die Wärme und Feuchtigkeit im Magen beginnt das Obst zu gären und dabei kann auch Alkohol entstehen. Diese Gärung setzt sich im Darm fort. Die Folgen können Blähungen, Darmirritationen und Abbau von Vitaminen sein.

Isst man Obst mit Eiweiß, wird das Obst im Magen immobilisiert und beginnt ebenfalls zu gären. Und zwar noch länger als bei der Kombination mit Stärke. Die Verdauung der Proteine im Magen wird gestört und es kommt im Dickdarm zu Irritationen.

Daher sollten Sie Obst immer auf nüchternen Magen essen! Morgens zum Beispiel, vor dem Frühstück. Danach unbedingt 20 Minuten bis eine halbe Stunde warten, bis Sie mit einem normalen Frühstück beginnen. Oder essen Sie Obst eine halbe Stunde vor dem Mittagessen. Oder am späten Nachmittag. Beachten Sie aber, dass der Abstand vom Mittagessen etwa 3 Stunden beträgt. Sie können Obst aber auch abends essen, mindestens 2 bis 3 Stunden nach dem Abendessen. Es kommt darauf an, was Sie gegessen haben. Nur sollten Sie berücksichtigen, dass Obst wie Orangen und Kiwis durch den Vitamin-C-Gehalt anregend wirken. Auch haben speziell Südfrüchte wie Mangos einen hohen Fruchtzuckergehalt, was natürlich in Bezug auf eine Gewichtsabnahme nicht besonders förderlich ist.

Die Ausnahme bilden sämtliche rote Beeren wie Erdbeeren, Himbeeren, Brombeeren und Heidelbeeren. Diese haben durch ihren hohen Vitamingehalt, ihre sekundären Pflanzenstoffe und ihre blutbildende Wirkung viele gesundheitsfördernde Aspekte. Sie können sämtliche Beeren auch nach dem Essen problemlos essen, da sie nicht gären und durch ihren niedrigen Fruchtzuckergehalt auch nur einen sehr niedrigen GI aufweisen. Somit sind Beeren auch in der

Abnehmphase erlaubt. Auch Kompotte sind am Ende einer Mahlzeit zulässig. Kompotte oder rote Beeren nicht zuckern, sondern bei Bedarf mit Agavensirup süßen!

Info

Sekundäre Pflanzenstoffe (bioaktive Substanzen) werden von den Pflanzen zum Schutz vor natürlichen Feinden gebildet. Sie haben gesundheitsfördernde Wirkungen und sind vor allem als Farb- und Aromastoffe bekannt, z. B. Flavonoide oder Carotinoide. Es gibt ca. 10.000 Substanzen. Sie senken das Risiko für einige Krebsarten und Herz-Kreislauf-Erkrankungen, wirken sich positiv auf das Immunsystem und den Cholesterinspiegel aus und helfen bei Entzündungen. Sie kommen in Obst, Gemüse, Hülsenfrüchten und unbehandelten Getreideprodukten vor.

Ein Glas Wein zum Essen?

Kaum ein Getränk verführt mehr zum Genießen als Wein. Vielleicht liegt das an seiner Vielfalt. So schmeckt der Wein des gleichen Winzers in einem Jahr so und in einem anderen Jahr vollkommen anders. Und erst die richtige Temperatur des Weines, das verwendete Glas und die dazu servierte Speise machen das Weintrinken zu einem Erlebnis. Wie schon Wolfgang von Goethe erkannt hat, „ist das Leben viel zu kurz, um schlechten Wein zu trinken".

Erste Hinweise auf Weinkultur finden sich in Vorderasien. Von hier brachten die Phönizier um 1500 v. Christus den Wein zu den Griechen. Der griechische Schriftsteller Plutarch schreibt um 100 n. Christus: „Der Wein ist unter den Getränken das nützlichste, unter den Arzneien das schmackhafteste, unter den Nahrungsmitteln das angenehmste Getränk." Der Wein von Kleopatra wurde mit Nachtschattengewächsen versetzt und diente als Liebestrank und Droge. Für die weitere Verbreitung in Europa sorgten dann um Christi Geburt die Römer. Sie bauten bis nach England und auch nördlich des Rheins Wein an, um damit ihre Soldaten zu versorgen.

Der Wein dieser Zeit war noch von bescheidener Qualität. Erst zu Beginn des 18. Jahrhunderts wurde der Weinbau durch die Mönche entschieden verbessert. Schon früh waren positive Wirkungen des Weins bekannt. Maßvoller Weinkonsum regt die Verdauung an und beugt Arteriosklerose vor, hält die Gefäße elastisch und senkt die Blutfette. Außerdem hat Wein eine bakterienabtötende Wirkung. Zu viel Wein ist natürlich schädlich und kann zu den bekannten alkoholbedingten Krankheiten führen.

Auch Montignac hat gegen ein Glas Wein (bei Montignac 0,1 l) am Ende einer Mahlzeit nichts einzuwenden. Auch hier macht die Dosis das Gift: Da Männer und Frauen das Zellgift Alkohol unterschiedlich vertragen, sollen Frauen maximal 0,2 l, Männer maximal 0,3 l pro Tag trinken.

Wichtig dabei ist: Wein niemals auf nüchternen Magen trinken, das heißt, bei einer Mahlzeit möglichst lange warten und erst nach ein paar Bissen etwas Wein trinken oder am besten erst am Ende einer Mahlzeit. Da Wein unterschiedlich vertragen wird, gilt die Regel: „Wenn man den Alkohol spürt, dann hat man die Toleranzgrenze schon überschritten.“

Weiß- oder Rotwein?

Wie eine Reihe von Studien belegen, treten in Ländern, in denen viel Rotwein getrunken wird, weniger Herz-Kreislauf-Erkrankungen auf. Die Franzosen zählen zu den Rotweintrinkern. Sie essen auch mehr Fleisch, Innereien und fettreichere Lebensmittel als andere Mittelmeerländer und trotzdem sterben nur in Japan noch weniger Menschen an Herz-Kreislauf-Erkrankungen.

Wissenschaftler haben im Rotwein den Inhaltsstoff Resveratrol nachgewiesen, der sich in den Schalen roter Trauben befindet. Zwar enthält auch Weißwein Resveratrol, aber in viel geringeren Mengen. Resveratrol zählt zu den Polyphenolen, wirkt antioxidativ und kann somit die schädigende Wirkung der freien Radikale beseitigen.

Österreicher trinken eher Weißwein. Das wiederum ist von Vorteil für die Gewichtsreduktion, denn Weißwein ist verdauungsfördernder als Rotwein.

Wein bringt jedoch in übermäßiger Menge (wie jeder Alkohol) reaktive Hypoglykämie (Unterzuckerung) mit sich und begünstigt Heißhunger. In Phase I, in der Abnehmphase, sollten Sie keinen Wein trinken oder bestenfalls als Ausnahme ein Glas (0,1 l) am Ende einer Mahlzeit. In Phase II können Sie zwei bis drei Gläser trockenen Weißwein oder Sekt (à 0,1 l) am Ende einer Mahlzeit trinken.

Studien haben ergeben, dass Alkohol den Appetit anregt und zusätzlich den Fettabbau stark einschränkt, darum spielt er bei Gewichtsproblemen eine weit größere Rolle als bisher angenommen. Alkohol wird sofort verbrannt, dadurch wandert aber das Nahrungsfett unmittelbar in die Fettzellen und lagert sich als Fettpolster ab. Der beliebte Verdauungsschnaps nach fettem Essen ist ein Garant für Gewichtszunahme.

Vermeiden Sie Aperitife und Digestife in Phase I zur Gänze, in Phase II ordern Sie anstelle des Aperitifs trockenen Sekt oder trockenen Wein und nippen nur ein wenig. Trinken Sie das Glas erst leer, wenn Sie schon etwas zum Essen serviert bekommen haben.

Es ist zu empfehlen, vor einer Einladung, bei der Sekt oder Wein gereicht wird, immer ein Stück Käse, Schinken, Garnelen, Oliven oder ungesalzene Nüsse zu essen. Bier und die Kombination von Alkohol und Süßigkeiten ist besonders ungünstig!

„Zauberwort Bewegung"

Der Kalorienverbrauch bei sportlichen Betätigungen wird allgemein überschätzt. Und es ist wirklich sehr unwahrscheinlich, durch körperliche Bewegung eine Gewichtsabnahme zu erreichen, ohne dass man eine Umstellung der Ernährungsgewohnheiten vorgenommen hat.

Aber Untersuchungen von Wissenschaftlern in aller Welt bestätigen: „Wer regelmäßig Bewegung macht, verjüngt seinen Körper." Denn die Muskelmasse schwindet bereits ab dem 30 Lebensjahr. Die Folge: Die Schnellkraft lässt nach, die Ausdauer jedoch kann durch regelmäßiges Training lange Zeit auf einem guten Leistungsniveau gehalten werden.

Bereits im Alter zwischen 20 und 30 Jahren nimmt die Knochendichte ab, ein Prozess, der sich bei Frauen nach den Wechseljahren verstärkt. Mit Ernährung, regelmäßiger Bewegung und frischer Luft kann man dem Körperabbau deutlich verzögern. Außerdem kann das Risiko, einen Schlaganfall oder Herzinfarkt zu erleiden, durch gesunde Ernährung und Bewegung deutlich gesenkt werden.

Die Haut beginnt schon ab dem zwanzigsten Lebensjahr an Elastizität zu verlieren. Sie verändert ihre Struktur und erschlafft. Zu viel UV-Strahlung, Rauchen, schlechte Ernährung und wenig Bewegung beschleunigen diesen Prozess. Es ist heute wissenschaftlich erwiesen, dass nicht nur die Gene für ein hohes Lebensalter verantwortlich sind, sondern eine vernünftige Lebensführung mit einer gesunden Ernährung, wenig Stress und moderater Bewegung entscheidend dazu beitragen.

Michel Montignac wirft man oft vor, dass der Sport in seinem Ernährungskonzept eine sehr untergeordnete Rolle einnimmt, was aber nicht richtig ist. Er bestätigt nur, wie viele Wissenschaftler auch, dass Sport alleine nicht ausreicht, um langfristig abzunehmen, sondern mit einer Ernährungsumstellung gekoppelt sein sollte. Ein gewisses Maß an körperlicher Bewegung gehört schon deshalb dazu, um sich im Körper wohl zu fühlen und so den Stoffwechsel und das Immunsystem anzuregen.

Durch jede Gewichtsreduktion sinkt auch der Grundumsatz. Nur durch ein gewisses Maß an Bewegung kann man gegensteuern. Je weniger man sich bewegt, desto geringer ist der Energieverbrauch. Körperliche Aktivität steigert den Energieverbrauch und es kommt zu einer Zunahme an Muskelmasse, dadurch steigt wiederum der Grundumsatz. Man verbraucht dann nicht nur bei der Bewegung selbst Energie, sondern auch, wenn man bereits damit aufgehört hat. Natürlich hängt der tatsächliche Energieverbrauch von vielen Faktoren ab, so z. B. von der gewählten Sportart, von der Belastungsintensität, der Belastungsdauer und vom Grundumsatz.

Michel Montignac rät, bei einer Ernährungsumstellung gleichzeitig auch ein Ausdauertraining zu beginnen. Die Sportart (Joggen, Schwimmen, Radfahren ...) kann je nach Belieben frei gewählt werden und sollte 3-mal pro Woche über mindestens 40 Minuten ausgeübt werden.

Regelmäßige körperliche Bewegung sorgt für eine ständige Regeneration des Körpers. Sie führt zu einer Verbesserung der Herz- und Lungenfunktion und stärkt auch das Immunsystem nachhaltig. Auch wenn es zu keiner Gewichtsabnahme durch die Bewegung kommt, wirkt man schlanker, da Muskeln aufgebaut werden und dadurch das Fett verschwindet sowie das Hautbild straffer wird. Fakt ist aber auch, je mehr Ausdauertraining man macht, desto höher sollte der Kohlenhydratanteil der zugeführten Nahrung sein.

Der Kohlenhydratanteil bei Ausdauersportlern sollte auf 60 Prozent erhöht werden. Man kann auch sehr wohl vor oder unmittelbar nach dem Ausdauertraining ein Lebensmittel mit einem hohen glykämischen Index, z. B. eine Banane, essen, ohne dass dies auf das Körpergewicht einen negativen Einfluss hat. Die reife Banane mit einem GI von 60 ist vitamin- und mineralstoffreich und ein gut bekömmlicher Energielieferant. Sie liefert reichlich Kalium, Magnesium, Mangan und Vitamin B6.

Die Fähigkeit zur Fettverbrennung kann man sich antrainieren. Je nach der Höhe der Belastung werden bei Ausdauersportarten die Glykogen- und Fettreserven aufgebraucht. Bei geringer Intensität erfolgt die Mobilisierung des Fettdepots, während bei Belastungsspitzen auf die Glykogenreserven zurückgegriffen wird. Gute Ausdauersportler sind in der Lage, frühzeitig Fettdepots zu nutzen, um so die Glykogenspeicher zu schonen und sie für den Endspurt zu nutzen.
Wenn man sich dies zunutze macht, ist es natürlich möglich, durch das Ausdauertraining auch an Körpergewicht zu verlieren.

Was ist beim Kochen zu beachten?

Die richtige Zubereitungsart

Das richtige Kochgeschirr ist der erste Schritt zu einem gesunden Essen

Garen Sie das Gemüse über Dampf, so bleiben die wertvollen Vitamine erhalten. Verwenden Sie zum Herausbraten von Fisch, Fleisch und Gemüse gut beschichtete Teflonpfannen.

Info *Pfannen mit einer Antihaftbeschichtung, auch Teflonpfannen genannt, eignen sich gut zum Abbraten von Fisch- und Fleischgerichten, da man nur wenig Öl zufügen muss. Der Nachteil dieser Pfannen ist ihre begrenzte Lebensdauer, da sie über eine sehr empfindliche Oberfläche verfügen und daher leicht (z. B. durch ein Metallbesteck) zerkratzt werden können. Auch durch häufiges Geschirrspülen wird ihre Beschichtung abgenützt.*

Im Backrohr lässt sich schnell und leicht Gemüse, z. B. Melanzani und Zucchini, grillen. Ebenso können Sie Fisch und Fleisch in Folie verpackt saftig garen.

Suppen und Saucen

Bei klaren Suppen sind Gemüseeinlagen wie z. B. Erbsen, Fisolen, Kichererbsen oder auch Suppennudeln aus Hartweizen oder Sojanudeln empfehlenswert. Gekochte Karotten sollten Sie meiden, diese enthalten zwar wenig Kohlenhydrate, dafür aber hochglykämische. Die Karotte hat einen sehr niedrigen GI im rohen Zustand, aber einen hohen im gekochten. Ein Mischgemüse mit Karotten ist natürlich wieder erlaubt.

Zum Binden von Saucen und für gebundene Suppen eignen sich bestens pürierte Champignons, Zwiebeln oder im Sieb abgetropftes Joghurt oder auch Seidentofu, aber auch diverse Naturprodukte wie Sauerrahm oder Crème Fraîche in kleinen Mengen. Bei vielen Leichtprodukten sind häufig Verdickungsmitteln bzw. modifizierte Stärke enthalten, diese führen wieder zu einem Anstieg des GI. Daher ist davon abzuraten.

Wenn Sie Sojacreme, Sauerrahm oder Crème Fraîche verwenden, so beachten Sie, dass die Speise anschließend nicht mehr kochen sollte. Gerade Sojacreme passt auch sehr gut zu Gemüse und Fisch und enthält im Gegensatz zu Sauerrahm und Créme Fraîche keine gesättigten Fettsäuren.

Meiden Sie am besten alle Fertigsaucen, denn diese enthalten häufig modifizierte Stärken und diverse Zuckerarten, was wiederum zu einem Anstieg des Blutzuckerspiegels führt.

Hauptspeisen und Salate

Das Wiener Schnitzel sollten Sie nicht mit Kartoffelsalat essen, weil Sie dann stark Blutzucker erhöhende Kohlenhydrate mit gesättigten Fetten bzw. Transfetten kombinieren. Wenden Sie das Schnitzel auch nicht unnötig in Mehl, sondern ziehen Sie es gleich durch das aufgeschlagene Ei. Das Schnitzel können Sie „halbwegs salonfähig machen", indem Sie als Beilage im Sommer einen Tomaten- oder Gurkensalat, im Winter Kraut- oder Chinakohlsalat wählen.

Beim Wiener Gulasch ist das „Stauben" nicht notwendig. Schneiden Sie einfach zwei Zwiebeln mehr, rösten Sie die Zwiebeln und pürieren Sie einen Teil davon – so wird das Gulasch dicker. Dann ist auch kein Gulasch-Fix mehr notwendig.

Wenn Sie ein gebackenes Fischfilet zubereiten, dann verzichten Sie wie schon beim Wiener Schnitzel auf Mehl für die Panier sowie auf Kartoffel- und Maissalat. Auf gar keinen Fall sollten Sie den in Wien traditionellen Mayonnaisesalat als Beilage servieren!

Fischfilets oder Naturschnitzel sollen Sie ebenfalls nicht in Mehl wenden, sondern einfach schnell mit Olivenöl oder Rapsöl herausbraten. Gerne können Sie aber in Phase II eine Seite mit Senf (keinen süßen) bestreichen.

Tipp *Zum Anbraten von Zwiebeln eignen sich gut Zitronensaft und eine fettfreie Gemüsebrühe.*

Auch das faschierte Laibchen brauchen Sie nicht in Mehl zu wenden. Anstelle des üblichen Kartoffelpürees servieren Sie Erbsenpüree. Erbsenpüree hat neben einem niedrigen GI noch den Vorteil einer lang anhaltenden Sättigung. Anstelle der Semmel beim Faschierten probieren Sie geriebene Zucchini. So werden die Laibchen auch schön weich.

Zuckern Sie keine Salate! Dies ist noch ein Relikt aus alten Kochbüchern, aber völlig überflüssig! Bereiten Sie für Ihren Salat immer selbst die Marinade zu und vermeiden Sie Fertigdressings. In diesen befinden sich meistens modifizierte Stärken. Wählen Sie für Ihren Salat ein kalt gepresstes Öl wie z. B. Olivenöl, Rapsöl, Distelöl oder Kürbiskernöl.

Beilagen

Anstelle der vielen Kartoffelbeilagen bringen Sie mehr Vielfalt in Form von Hülsenfrüchten wie z. B. Kichererbsen, Linsen, Bohnen, Erbsen und auch Zuckererbsenschoten auf den Tisch. Hülsenfrüchte haben eine gute Kombination an Eiweiß und Kohlenhydraten mit sehr niedrigem GI und sättigen auch sehr gut. Da die Kohlenhydrate der Hülsenfrüchte einige Mehrfachzucker enthalten, können diese leicht zu Blähungen führen. Deshalb ist es wichtig, diese langsam zu essen und mit Gewürzen wie Kreuzkümmel, Koriander, Fenchel oder Bohnenkraut zu servieren. So werden sie bekömmlicher und es kommt nicht so oft zu Verdauungsproblemen. Salzen sollten Sie Hülsenfrüchte erst, wenn diese gekocht sind, sonst erhöht sich die Kochzeit erheblich. Probieren Sie Hülsenfrüchte in Form von Erbsen-, Kichererbsen- und Bohnenpüree, das ergibt eine sehr nahrhafte Beilage.

Falls Sie Kartoffeln auf den Tisch bringen möchten, dann nehmen Sie anstelle der Pommes frites einfach Kartoffeln und schneiden diese in Scheiben und braten Sie sie mit etwas Olivenöl im Backrohr bei 150 °C knusprig an. So ist die Kartoffel eine ideale Beilage zu gegrilltem Huhn oder Fisch.

Zu fettem Fleisch sind Kartoffeln in keiner Form geeignet, da sonst Blutzucker erhöhende Kohlenhydrate und gesättigte Fette zusammenkämen, was wiederum eine Gewichtszunahme begünstigen würde.

Karotten isst man am besten roh in Form von geraspeltem Salat, Karottensaft oder einfach als Rohkost.

Für alle Teigwaren ist ideal: zur Hälfte Teigwaren und zur Hälfte Gemüse. Teigwaren sind zwar keine Dickmacher, sie werden aber leicht dazu. Wie schon erwähnt sollten Teigwaren immer al dente gekocht werden und aus Hartweizen bestehen. Was die Zubereitung anbelangt, bitte beachten Sie, dass Teigwaren immer ohne gesättigte Fette beziehungsweise Transfette verzehrt werden. Das heißt: Keine fetten Saucen mit Obers oder fette Käsesaucen und auch kein gemischtes Faschiertes. Wenn Sie Faschiertes verwenden, dann mageres Puten- oder Rinderfaschiertes. Erlaubt sind aber Fischfette und auch ein wenig Olivenöl.

Mehlspeisen und Süßspeisen

Info *Mehlspeisen und Süßspeisen nach dem GI zeichnen sich in erster Linie dadurch aus, dass die wichtigsten Bestandteile wie raffinierter Zucker, weißes Mehl oder Butter fehlen bzw. nicht alle gemeinsam in einer Mehlspeise vorhanden sind.*

Butter ist ein reines Naturprodukt, aber sie eignet sich nicht zum Backen. Erhitzt man Butter über 100 °C, werden die kurzkettigen Fettsäuren zerstört und dadurch wird Butter schwer verdaulich. Erhitzt man sie über 120 °C, bilden sich sogar krebserregende Acroleine. Ein weiterer Nachteil ist, dass Butter aus gesättigten Fetten besteht und daher einen Risikofaktor für Herz-Kreislauf-Erkrankungen darstellt und auch eine Erhöhung des Cholesterinspiegels bewirkt. Da Sie in diesem Buch viele Kuchen und Torten mit guten Fetten in Form von Nüssen, Mandeln und Mohn finden, ist es nicht notwendig noch zusätzlich Butter oder Margarine zu verwenden.

Weißes Mehl sollten Sie vermeiden, für Biskuitmassen eignen sich anstelle von Mehl gut geriebene Mandeln, diese haben einen sehr niedrigen GI und gute Fette.

Wenn Sie für Ihre Mehlspeisen Mehl verwenden, dann wählen Sie Vollkornmehl und achten Sie zugleich darauf, dass diese Mehlspeisen nicht auch noch Zucker und schlechte Fette enthalten. Das heißt, Sie sollten Zutaten wie Agavensirup oder Fruchtzucker verwenden, die einen niedrigen GI haben, und nur gute Fette in Form von Nüssen, Mandeln oder Mohn hinzufügen. Auch Zutaten in Form von Obst wie Äpfel, Marillen und Beeren verringern das glykämische Resultat.

Für Fruchtsalate, Cremes, Puddings und Blechkuchen eignet sich anstelle von weißem Zucker sehr gut Agavensirup. Dieser hat nur einen GI von 15. Für kleine Bäckereien und Busserln oder Zimtkarten empfehle ich eher Fruchtzucker (GI 20), da diese mit Agavensirup nicht ihre Form behalten würden. Für Torten, die hoch werden sollen, wählen Sie als Ausnahme Vollzucker oder aber Fruchtzucker. Bei Fruchtzucker ist darauf zu achten, dass dieser 20 Prozent mehr Süßkraft hat und man daher weniger benötigt. Agavensirup ist in etwa gleich wie Zucker.

Info

Achten Sie bei den Eiern auf den Vermerk „Bio-Freilandhaltung" (Qualitätskategorie 0) oder zumindest auf „Freilandhaltung" (Kategorie 1). Bei der Freilandhaltung haben die Hühner im Unterschied zu Hühnern in Bodenhaltung einen Grünauslauf. Aber Achtung: Eier aus Freiland-Haltung sind nicht automatisch Bio-Freilandeier. Bei Biofreilandeiern werden 6 Hennen pro m^2 gehalten und die Ausstattung des Stalles ist artgerecht. Außerdem haben sie als Grünauslauf mindestens 10 m^2 pro Huhn. Auch die Fütterung unterliegt strengen Kontrollen und vorbeugende Medikamente sowie Farbstoffe sind verboten.

Tipp

Für ein gutes Gelingen der Süßspeisen und Kuchen sollten die Eier immer Raumtemperatur haben.

Tipp

Mit der Garprobe können Sie testen, ob ein Kuchen gar ist. Stechen Sie mit einer Stricknadel in den Kuchen. Wenn kein Teig mehr an der Nadel kleben bleibt, ist der Kuchen fertig.

Das Frühstück

Nehmen Sie sich Zeit für ein gutes Frühstück. Das ist erholsam für Körper und Geist.

Je nach Geschmack können Sie zwischen verschiedenen Frühstücksvarianten wählen, die alle mit der Montignac-Methode vereinbar sind. Denken Sie daran, dass Sie mit einem kräftigen Frühstück ausreichend Nährstoffe für einen erfolgreichen Tag zu sich nehmen. Vollkornbrot, Getreidebrei, Müsli oder Obst sind dafür die beste Voraussetzung, aber auch das klassische Frühstück (Variante 5) ist erlaubt, allerdings ohne Brot.

Eine gute Ergänzung bei allen Frühstücksvarianten ist auch das weiche Ei, denn das Ei gehört zu den wertvollsten Lebensmitteln. Sowohl im Eiklar als auch im Eidotter ist hochwertiges Eiweiß enthalten, das alle unentbehrlichen Aminosäuren aufweist und vom menschlichen Körper besonders gut verwertet werden kann. Außerdem ist das Hühnerei besonders reich an Vitamin A, E, K, Folsäure und Biotin sowie an Mineralstoffen wie Eisen und Zink. Die Vitamine und Mineralstoffe bleiben beim Kochen des Eis weitgehend erhalten. Wichtig beim Ei ist nur, dass es aus einer Freilandhaltung stammt und nicht aus Bodenhaltung.

Laut Chinesischer Ernährungslehre (TCM) hat die Magenfunktion morgens von 7.00 bis 9.00 Uhr besonders viel Energie zur Verfügung, was zu einer guten Verwertung der Nahrung beiträgt. Deshalb sollte man zu dieser Zeit Kraft und Energie für den ganzen Tag aufnehmen. Auch in unserer westlichen Ernährungslehre wird das Frühstück als die wichtigste Mahlzeit des Tages angesehen, leider aber wird das oft nicht eingehalten. Dagegen genügt dem Körper am Abend, wenn er zur Ruhe kommt, ein leichtes Abendessen, damit der Verdauungstrakt nicht mehr so stark belastet wird.

Lassen Sie also lieber das Abendessen weg oder nehmen Sie nur ein leichteres Abendessen zu sich und frühstücken Sie dafür am nächsten Morgen ausgiebiger! Denn letzlich geht es nicht darum, weniger zu essen, sondern die Nahrung auf die Zeiten zu verteilen, zu denen der Körper die meiste Energie benötigt.

Variante 1: Vollkornbrot mit Aufstrich

Montignac empfiehlt 100-prozentiges Vollkornbrot aus Natursauerteig, denn dieser trägt auch dazu bei, den glykämischen Index zu senken. Bitte fragen Sie einfach Ihren Bäcker nach diesem Brot.

Von 100-prozentigem Vollkornbrot spricht man dann, wenn das ganze Korn und auch der Keimling und die Schale vermahlen werden. Es enthält also die vollständigen Bestandteile des Getreidekorns. Es ist im Allgemeinen ein rohes Mühlsteinmehl, ungesiebt und grob gemahlen, das so die im Getreide enthaltenen Mikronährstoffe bewahrt. Dieses Brot kann aus ganzen Körnern, geschroteten Körnern oder aus Vollkornmehl bestehen. Natürlich können Sie aber auch Vollkornknäckebrot oder Vollkornzwieback wählen. Wichtig ist, dass es weder Zucker noch Fett enthält.

Info *100-prozentiges Vollkornbrot kann bei Menschen mit einem empfindlichen Magen-Darm-Trakt oder auch bei Kindern zu Verdauungsproblemen führen. In diesem Fall ist eine ärztliche Abklärung notwendig.*

Leider wird dieses 100-prozentige Vollkornbrot selten angeboten, meist wird Vollkornbrot verkauft, das aus einer Mehlmischung zusammengesetzt ist und nur einen geringeren Anteil an Vollkornmehl enthält. Auch die bei uns so beliebten Kornweckerln bestehen aus Mehlmischungen.

In Phase I sind nach Michel Montignac nur eine Fruchtmarmelade ohne Zucker oder ein Topfen bzw. Frischkäse mit 0 Prozent Fettgehalt zum Vollkornbrot erlaubt. Natürlich können Sie den Topfen mit frischen Kräutern und Gewürzen verfeinern. Dazu können Sie reichlich saisonale Rohkost wie Rettich, Gurken oder Tomaten essen.

Als Ausnahme können Sie Ihr Frühstück auch hin und wieder mit etwas Magerkäse, Magertopfenaufstrich oder einem fettarmen Schinken variieren.

Dieses Frühstück enthält nur gute Kohlenhydrate (GI bis 50) und sollte kein Fett (Lipid) enthalten. Deshalb ist z. B. Butter in Phase I nicht erwünscht.

In Phase II können Sie das Vollkornbrot mit etwas Butter bestreichen, mit magerem Schinken oder fettarmem Käse belegen und je nach Saison Tomaten, Radieschen oder Gurken dazu essen. Es eignen sich aber auch hervorragend Aufstriche aus Kichererbsen, Grünkern oder Tofu. Eine besonders wertvolle Frühstücksvariante ist ein Aufstrich aus ½ Avocado mit Zitronensaft, Salz und Pfeffer (pro Person) auf Vollkornbrot. Avocados zählen zu den Ölfrüchten und haben einen hohen Anteil an einfach ungesättigten Fettsäuren.

Eine geschmackvolle Abwechslung sind auch selbst zubereitete Topfenaufstriche, die Sie ganz nach Belieben variieren können:

Topfenaufstrich (4 Portionen)

Schritt 1: Topfen mit Kapernwasser glatt rühren, Radieschen waschen und fein raspeln und mit der zerdrückten Knoblauchzehe zu der Topfenmischung geben.
Schritt 2: Mit Kräutersalz, Pfeffer und den Schnittlauchröllchen abschmecken.

250 g	Magertopfen
etwas	Kapern- oder Gurkerlwasser
1 Bd.	Radieschen
½ Bd.	Schnittlauch
1	Knoblauchzehe
	Kräutersalz
	Pfeffer (aus der Mühle)

Topfenaufstriche sind schnell zubereitet. Sie eignen sich für das Frühstück, als Zwischenmahlzeit, als Vorspeise mit Rohkost oder als schnelles Mittag- oder Abendessen mit eventuell 3 Scheiben Knäckebrot und haben den Vorteil einer lang anhaltenden Sättigung.

Für die kalte Jahreszeit empfehle ich wegen der thermischen Wirkung getoastetes Vollkornbrot. Durch das Toasten wird dem Brot Wasser entzogen und somit auch der GI reduziert. Ihren Toast können Sie nach Belieben mit magerem Käse, Schinken und Topfenaufstrichen belegen oder ein weiches Ei dazu genießen. Auch ein Schinken-Käse-Toast ist eine gute Alternative. Achten Sie aber darauf, dass Schinken und Käse fettarm sind, und bereichern Sie Ihren Toast je nach Jahreszeit mit Radieschen, Tomaten, Paprika etc.

Als Ausnahme sind Toasts auch in Phase I zulässig, aber natürlich ohne Butter.

Variationen des Topfenaufstrichs

Verwenden Sie als Basis Magertopfen, schneiden Sie alle Zutaten sehr klein und mischen Sie den Aufstrich gut durch.

1. Alternative

30 g	Bärlauch
½	Zwiebel
	Salz
	Pfeffer

2. Alternative

30 g	Gartenkräuter (Dille, Kresse, Petersilie, Schnittlauch)
1	Zwiebel
1 TL	Kren (eventuell)
1	hart gekochtes Ei
	Salz
	Pfeffer

3. Alternative

30 g	Wildkräuter (Brennnessel, Löwenzahn, Sauerampfer)
½	Zwiebel
1	hart gekochtes Ei
	Salz
	Pfeffer

4. Alternative

4	klein gehackte Kapernbeeren
etwas	Kapernwasser
1	hart gekochtes Ei
etwas	Kren
	Salz
	Pfeffer

5. Alternative

1 EL	Paprikapulver
etwas	Gurkerlwasser
1	kleines Essiggurkerl
1	Pfefferoni
etwas	gestoßener Kümmel
	Salz
	Pfeffer

Info *Die Flüssigkeit von Topfen sollten Sie immer abgießen, da diese Kohlenhydrate in Form von Molke enthält.*

Variante 2: Getreidebrei

Eine gute Frühstücksoption ist eine Getreidezubereitung in warmer Form. Zum Beispiel der traditionelle Haferflockenbrei, welcher bei Kindern sehr beliebt ist und speziell für die kalte Jahreszeit hervorragend geeignet ist. Der Getreidebrei kann mit Wasser oder – wenn es für Sie bekömmlich ist – mit Magermilch oder Magerjoghurt zubereitet werden. Dazu kann man kleine Mengen an Obst hineinschneiden und bei Bedarf mit Agavendicksaft süßen.
Ohne Zucker, Bananen oder Südfrüchte ist diese Variante auch für Phase I geeignet.

Haferflockenbrei für die warme Jahreszeit (1 Portion)

Schritt 1: In einer Pfanne Haferflocken trocken rösten, bis sie duften, und mit Wasser aufgießen.
Schritt 2: Zitronensaft, Apfelsaft hinzufügen, salzen und den Brei so lange köcheln lassen, bis die gewünschte Konsistenz erreicht ist.
Schritt 3: Mit Zimt und eventuell mit klein geschnittenen Früchten verfeinern und anrichten.

3 EL	Haferflocken
1 Prise	Salz
1 Spritzer	Zitronensaft
etwas	naturtrüber Apfelsaft
	Früchte nach Saison (klein geschnitten)

Dinkelbrei mit Kompottbirnen für die kalte Jahreszeit (1 Portion)

Schritt 1: Milch aufkochen lassen, Flocken einrühren und ca. 2 Minuten kochen. Gehackte Mandeln einrühren und etwas auskühlen lassen.
Schritt 2: In einer Schale anrichten und die Kompottbirnen darüber verteilen. Zuletzt mit Zimt bestreuen.

3 EL	Dinkelflocken
1 Prise	Salz
¼ l	Sojamilch oder Magermilch
	Kompottbirnen
	gemahlener Zimt

Birnenkompott: Das Rezept für Birnenkompott finden Sie auf Seite 178.

Variante 3: Vollkornmüsli

Verwenden Sie Vollkornmüsliflocken (mindestens 3 verschiedene Sorten, wie z. B. Vollkorndinkel-, Vollkornhafer- und Vollkornweizenflocken) ohne Zusatz von Zucker und ohne Rosinen mit einem Magermilchprodukt wie z. B. magerem Joghurt oder Magermilch. Natürlich eignet sich auch bestens ein Sojajoghurt. Bei Bedarf süßen Sie mit Agavensirup. Bei den Früchten achten Sie darauf, dass diese keinen allzu hohen GI haben, wie z. B. Bananen oder manche Südfrüchte. Es empfiehlt sich je nach Saison Obst wie Beeren, Äpfel oder Birnen zu wählen. Auch ein paar grob gehackte Nüsse passen sehr gut.

Ein Vollkornmüsli ist für Phase I und auch für Phase II geeignet. In Phase II können Sie natürlich auch Südfrüchte oder 1 Banane wählen.

Beerenmüsli für die warme Jahreszeit (1 Portion)

Schritt 1: Getreideflocken mit Joghurt und Agavensirup verrühren.
Schritt 2: Nüsse und Beeren untermengen.

3 EL	Vollkorngetreideflocken
2 TL	grob gehackte Nüsse
150 g	Magerjoghurt
1 TL	Agavensirup
200 g	Beeren nach Saison (z. B. Erdbeeren, Himbeeren, Brombeeren, schwarze Johannisbeeren …)

Birnenmüsli für die kalte Jahreszeit (1 Portion)

Schritt 1: Anstelle der Beeren können Sie auch Kompottbirnen (ohne Zucker) und 1 EL getrocknete Waldbeeren oder Cranberries verwenden.

Info *Agavendicksaft wird aus dem Pflanzensaft von Agaven produziert und eignet sich ideal als Ersatz für Zucker, da er einen GI von nur 15 hat.*

Müsli für 2 Personen

SCHRITT 1: Kornflocken mit 5 EL Wasser vermischen und 15 Minuten quellen lassen.
SCHRITT 2: Nüsse grob hacken, Mandarinen und Orangen schälen und in Scheiben teilen. Äpfel mit der Schale in der Mitte teilen, Kerngehäuse entfernen und Äpfel in kleine Stücke schneiden. Alles gut vermischen, zuletzt Agavensirup und Magerjoghurt unterrühren und mit klein geschnittenen Feigenstücken bestreuen.

6 EL	gemischte Getreideflocken
300 g	Magerjoghurt oder Sojajoghurt
2	Mandarinen
1	Orange
2	Äpfel
2 EL	gehackte Nüsse
2 EL	Agavensirup
2	gehackte getrocknete Feigen

Tipp

Pro Person rechnet man 3 EL Getreideflocken, 150 g Joghurt oder Milch, Obst nach Belieben, 1 TL Agavensirup, 1 EL Trockenfrüchte, 1 EL gehackte Mandeln oder Paranüsse.

Variante 4: Obst

Sie können zum Frühstück auch nur Obst essen, aber keine Bananen. Diese Variante ist sicher nicht für jedermann geeignet und auch nicht für jede Jahreszeit empfehlenswert. Am besten verträglich ist diese Variante in der warmen Jahreszeit.

In Phase I ist diese Variante nicht täglich zu empfehlen, da Sie sonst zu wenig Brot beziehungsweise Kohlenhydrate essen würden. Wenn Sie nur Obst zum Frühstück essen, dann nehmen Sie die fehlenden Kohlenhydrate zu Mittag zu sich.

Bevor Sie z. B. Brot oder Getreideflocken essen, sollten Sie nach diesem Frühstück aber mindestens 20 Minuten warten.

Fruchtsalat für den Frühling (1 Portion)

SCHRITT 1: Erdbeeren waschen und halbieren, Kiwi schälen, in Scheiben schneiden und gemeinsam in einer Schale anrichten.

200 g	Erdbeeren
1	Kiwi

Sommerlicher Fruchtsalat (1 Portion)

SCHRITT 1: Marillen und Pfirsich entkernen und mit der Schale in Scheiben schneiden. Himbeeren und Johannisbeeren hinzufügen.

SCHRITT 2: Mit Zitronensaft beträufeln und mit gehackten Mandeln bestreuen.

2	Marillen
1	Pfirsich
50 g	Himbeeren
50 g	schwarze Johannisbeeren
einige	gehackte Mandeln
etwas	Zitronensaft

Herbstlicher Fruchtsalat (1 Portion)

SCHRITT 1: Birne und Apfel vom Kerngehäuse befreien, in Scheiben schneiden und mit Zitronensaft beträufeln.

SCHRITT 2: Zwetschken gut waschen, teilen, Kern herausnehmen, nochmals teilen und mit den Brombeeren untermischen. Zuletzt mit Walnüssen bestreuen.

1	Birne
1	Apfel
einige	Zwetschken
50 g	Brombeeren
2	gehackte Walnüsse
etwas	Zitronensaft

Wenn Sie zum Frühstück nur etwas trinken möchten, probieren Sie diesen vitaminreichen Energiedrink.

Kräuter-Gemüsedrink (1 Portion)

SCHRITT 1: Milch, Topfen und Mineralwasser im Standmixer cremig rühren. Apfel und Karotte schälen, fein raspeln und zugeben, aber nicht mehr mixen. Kräuter und Zitronensaft unterrühren.

SCHRITT 2: Drink in Longdrinkgläser füllen.

250 g	Magermilch oder Sojamilch
ca. ¼ l	prickelndes Mineralwasser
100 g	Topfen
1	Apfel
1	Karotte
1 EL	Schnittlauch
1 EL	fein gehackte Gartenkresse
1 EL	fein gehackte Petersilie
1 TL	Zitronensaft
etwas	Salz

Tipp *Obst und Gemüse ist nach Jahreszeit beliebig austauschbar, nur Bananen sollten in Phase I nicht gewählt werden.*

Variante 5: Hotelfrühstück

Fett-Eiweiß-Frühstück

Ein Fett-Eiweiß-Frühstück ganz ohne Kohlenhydrate. Dieses Frühstück ist nicht geeignet bei zu hohem Cholesterinspiegel und auch sonst nur als Ausnahme zu sehen. Es enthält viele gesättigte Fette und hat weder pflanzliches Eiweiß noch Faserstoffe und gute Kohlenhydrate. Es ist das klassische Hotelfrühstück, bei dem Sie eine große Auswahl an Schinken, Käse, Wurst und Eiern vorfinden. Die günstigste Form dieses Frühstücks ist eine Eierspeise mit Zwiebeln, Tomaten und viel Schnittlauch. Der Ausschluss jeder Art von Kohlenhydraten ist entscheidend, das heißt, auch Brot ist nicht erlaubt. Dazu können Sie koffeinfreien Kaffee oder leichten Kaffee oder Tee mit Schlagobers oder ganz wenig Magermilch trinken.

Falls Sie dieses Frühstück wählen, dann essen Sie zu Mittag ein Kohlenhydratbetontes Menü, wie z. B. Nudeln mit fettfreier Tomatensauce oder Risotto mit Champignons mit fettfreier Gemüsebrühe. Kleine Mengen an kalt gepressten Ölen wie z. B. Olivenöl sind dabei aber erlaubt.

Eierspeise mit Frühstücksspeck (1 Portion)

1 Stk.	Frühstücksspeck
2	Eier
½	Zwiebel
1	kleine Tomate
½ Bd.	Schnittlauch
	Salz
	Pfeffer

Schritt 1: Frühstücksspeck schneiden und in einer Pfanne kurz anbraten. Klein geschnittene Zwiebel dazugeben und glasig dünsten. Tomate klein würfeln, dazugeben und eindicken lassen. Anschließend Hitze reduzieren.
Schritt 2: Eier aufschlagen, verquirlen und salzen. In die Pfanne gießen und stocken lassen. Mit Pfeffer und in Röllchen geschnittenem Schnittlauch bestreuen.

Getränke zum Frühstück

Bevor Sie mit dem Frühstück beginnen, sollten Sie ein großes Glas Wasser trinken, um den während der Nacht entstandenen Flüssigkeitsverlust auszugleichen. Anschließend können Sie bei all diesen Frühstücksvarianten koffeinfreien Kaffee oder schwachen Bohnenkaffee oder Tee wählen. Beim Tee gilt genauso wie beim Kaffee: nicht so stark, denn auch Tee enthält Koffein und Gerbstoffe (die wiederum die Eisenresorption behindern).

Achtung vor Fruchtsäften wie Orangensaft. Dieser hat durch seine konzentrierte Form (vor allem frisch gepresster Orangensaft) eine stark Blutzucker erhöhende Wirkung. In Phase I ist Orangensaft daher nicht erlaubt.

Die Milch zum Kaffee oder Tee sollte ausschließlich Magermilch sein und keine nennenswerten Fette mehr enthalten. Zucker ist natürlich nicht erwünscht, weder in Phase I noch in Phase II.

Da Koffein die Bauchspeicheldrüse stimuliert (obwohl es kein Kohlenhydrat ist) und dadurch eine Insulinsekretion verursacht, ist es nach Montignac nicht empfehlenswert, starken Bohnenkaffee zu trinken. Speziell in Phase I ist dies kontraproduktiv.

Menüvorschläge für die vier Jahreszeiten

Generelle Empfehlungen zu allen Mittags- und Abendmenüs

Im Folgenden finden Sie Vorspeisen, Suppen, Hauptspeisen und auch Nachspeisen. Ich habe sie zusammengestellt nach den 4 Jahreszeiten und jeweils für Phase I und II entsprechende Speisen vorgeschlagen. Der große Unterschied von Phase I zu Phase II liegt bei den kohlenhydrathaltigen Mehlspeisen. Diese sind nur in Phase II erlaubt. Ansonsten eignen sich fast alle Menüs (außer Gerichte, bei denen Sie Kartoffeln essen, und wenigen Fett-Kohlenhydrat-Speisen) auch für Phase I. Bei den Hauptspeisen finden Sie jeweils mindestens eine vegetarische Speise, eine mit Fisch und eine mit Fleisch. Das heißt, Sie haben die Möglichkeit, sich je nach Hunger, Zeit, Lust und Laune selbst Ihr spezielles Menü zusammenzustellen. Es kann sein, dass Sie einmal mit einer Vorspeise und einer Suppe Ihr Auslangen finden, ein anderes Mal aber Suppe, Hauptspeise und Nachspeise essen. Wichtig ist, dass Sie keine Mahlzeit auslassen und keinesfalls mit Süßem starten oder nur Süßes essen.

Es ist nicht so wichtig, sich genau an die Rezeptur zu halten, das heißt, Sie können gerne eine Getreideart gegen eine andere austauschen. Achten Sie aber bei den kohlenhydrathaltigen Lebensmitteln immer darauf, dass der GI gleich bleibt. Auch was die Mengenangaben betrifft, müssen Sie sich nicht genau daran halten. Es kommt ja letztendlich auch auf Ihr Körpergewicht an. Eine Frau mit 55 kg wird mit einer kleineren Portion satt werden als ein Mann mit 90 kg. Es ist auch ziemlich egal, wie groß Ihre Salat- oder Gemüseportion ist. Ob Sie 100 g Spargel oder 400 g Spargel essen, wird sich auf Ihr Körpergewicht kaum auswirken.

Starten Sie niemals mit dem obligaten Jourgebäck und Butter oder sonstigen fettreichen Aufstrichen. Speziell am Abend wäre dies eine äußerst ungünstige Kombination. Wie Sie ja schon wissen, sollte man immer mit niedrigglykämischen Speisen beginnen.

Machen Sie es daher so wie die Franzosen und Italiener und beginnen Sie mit einer Portion Salat beziehungsweise im Winter mit einer klaren warmen Suppe oder auch einer gebundenen, aber ohne Stärke.

Warten Sie auch mit dem ersten Schluck Sekt oder Wein, bis Sie schon etwas gegessen haben, am besten etwas mit Eiweiß, also z. B. ein Stück Käse oder Schinken.

Am Ende der Mahlzeit wirkt sich eine hochglykämische Speise nicht so fatal aus, deshalb ist auch speziell in Phase II eine Nachspeise erlaubt.

Empfehlungen für alle Menüs der Phase I

Auch in dieser Phase sollten Sie sich stets satt essen. Bei dem vorgeschlagenen Ernährungssystem haben Sie den großen Vorteil, dass Sie kaum Mengenbeschränkungen haben. Manche (ungünstige) Lebensmittel sind ausgeschlossen, aber trotzdem haben Sie die Wahl:

- zwischen guten und schlechten Kohlenhydraten (nur Kohlenhydrate mit niedrigem GI dürfen Teil einer Kohlenhydrat-Mahlzeit sein)
- zwischen guten und schlechten Fetten (solche Fette sind nur im Rahmen einer Eiweiß-Fett-Mahlzeit erlaubt)

Es geht also nicht darum Kohlenhydrate oder Fette wegzulassen, sondern die empfehlenswerten auszusuchen und die schlechten wegzulassen. Das wird Ihrem Wohlbefinden und Ihrer Gesundheit zugute kommen.

Im Rahmen einer Eiweiß-Fett-Mahlzeit, z. B. Fisch und Gemüse mit Salat, können Sie in vernünftigem Maß auch fettreicheren Käse essen. Sollten Sie einen zu hohen Cholesterinspiegel haben, dann ist natürlich Magerkäse vorzuziehen.

Im Rahmen einer Kohlenhydrat-Eiweiß-Mahlzeit ist Käse nur mit 0 Prozent Fettgehalt erlaubt. Außerdem sollten Sie die Kohlenhydratmahlzeit möglichst mittags einnehmen. Dabei können Sie Vollkornnudeln, Naturreis oder Hülsenfrüchte beliebig mit Gemüse und Salat genießen. Grundsätzlich ist die Kohlenhydratmahlzeit am schwersten umzusetzen, weil sie die meisten Einschränkungen aufweist und die meisten Fehlerquellen birgt. Michel Montignac empfiehlt daher, in Phase I öfters die Fett-Eiweiß-Mahlzeit zu essen.

Eine Fett-Kohlenhydrat-Mahlzeit ist in Phase I nicht erlaubt.

Empfehlungen für alle Menüs der Phase II

In Phase II soll das Gewicht gehalten werden. Phase II ist zwar die Fortsetzung von Phase I, aber jetzt sind Ausnahmen erlaubt, die Sie nach Ihren Erfahrungen individuell managen dürfen. Als Beilage zu Fisch und Fleisch sind nun Kohlenhydrate zugelassen, die einen GI über 35 bis maximal 50 aufweisen. Ein Index über 50 ist aber immer als Ausnahme zu betrachten.
Auch in Phase II ist es besser, die Kohlenhydrat-Eiweiß-Mahlzeit mittags einzunehmen und für abends eine Eiweiß-Fett-Mahlzeit zuzubereiten, da Eiweiß die geringste Insulinausschüttung hat. Aber natürlich können Sie auch – bis ca. 3-mal wöchentlich – abends die Kohlenhydrat-Eiweiß-Mahlzeit auf Ihren Speiseplan setzen. Aber die Kohlenhydratmahlzeit sollte kein gesättigtes Fett und natürlich keine Transfette enthalten. Verwenden Sie stattdessen Fischfette und kleine Mengen an gepressten Ölen.

Die Fett-Kohlenhydrat-Mahlzeit bleibt auch in Phase II die ungünstigste Variante. Aber Sie haben mehr Spielraum. Solange Sie immer das glykämische Resultat im Auge behalten, werden Sie nicht so schnell an Gewicht zulegen. Somit sind in Phase II alle Kohlenhydrate zulässig. Aber Achtung! Die Menge ist entscheidend. Wenn Sie als Hauptspeise eine Nudel- oder Reisportion essen, sollten Sie anschließend nicht noch eine Mehlspeise essen, da diese Kohlenhydrate und Fette enthält. Meine Mehlspeisenrezepte enthalten zwar meist nur gute Fette in Form von Nüssen, Mandeln und dunkler Schokolade, trotzdem bleiben sie ein Fett-Kohlenhydrat-Gemisch! Das gilt auch für Wein. Wenn Sie zu einer Mahlzeit 3 Gläser Wein trinken, dann ist eine kohlenhydrathaltige Nachspeise auch nicht mehr empfehlenswert.

Mit der Zeit werden Sie ein Gefühl für die richtigen Kombinationen entwickeln!

Bedenken Sie einfach immer, dass Lebensmittel nicht nur Einfluss auf das körperliche Wohlbefinden, sondern auch auf die seelische Ausgeglichenheit und die geistige Fitness haben. Mit einer Ernährung nach dem GI richten Sie Ihr Augenmerk auf eine ausgewogene Kombination von gesunden Kohlenhydraten und guten Eiweißquellen, und das wird Ihnen gut tun.

Natürlich wird es Ihnen immer wieder passieren, dass in schwierigen Situationen Abweichungen unvermeidlich sind. Betrachten Sie diese dann als Ausnahmen, aber bleiben Sie Ihrem gewählten Prinzip treu. Falls Sie mehrere Ausnahmen gemacht haben, dann gehen Sie für ein paar Tage in Phase I zurück, aber lassen Sie sich nicht dazu verleiten aufzugeben und zu sagen „Jetzt ist eh schon alles egal". Denn so kommen Sie wieder in den Teufelskreis des Jo-Jo-Effekts!

Alle Salate, Vorspeisen und Suppen sind sowohl für Phase I als auch für Phase II geeignet. Bei den Hauptspeisen liegt der Unterschied von Phase I zu Phase II bei den Sättigungsbeilagen und Mehlspeisen. Kohlenhydratreiche Mehlspeisen sind nur in Phase II erwünscht und es ist natürlich günstiger, diese zu Mittag zu essen.

Abschließend möchte ich noch festhalten, dass ich in Phase II Michel Montignacs Methode beim traditionellen Wiener Schnitzel beziehungsweise beim Backhendel und bei den Süßspeisen sehr großzügig interpretiert habe. Dessen bin ich mir bewusst, aber wie schon erwähnt ist die gesamte Mahlzeit, das glykämische Resultat, entscheidend und nicht der GI. Wichtig dabei ist nur, dass Sie niemals mit den ungünstigen, das heißt den hochglykämischen Speisen, beginnen. Mit der Zeit werden Ihnen die Prinzipien der Montignac-Methode vertrauter werden und es wird Ihnen leichter fallen, Ihren individuellen Speiseplan zusammenzustellen.

Das Frühlingsmenü in Phase I

Saisonale Empfehlung:
Genießen Sie nach der kalten Jahreszeit die Vielfalt der Kräuter im Frühling.

Radieschensalat

SCHRITT 1: Radieschen waschen, putzen und in Scheiben schneiden. Die Zwiebeln in feine Ringe zerteilen.
SCHRITT 2: Würfelig geschnittenen Käse dazugeben, mit Rapsöl, Salz, Pfeffer und etwas Apfelessig marinieren und mit Kresse anrichten.

1	großer Bund Radieschen
150 g	Magerkäse (mit maximal 25 % F.i.T.) oder 200 g Löffelkäse (mit 10 % F.i.T.)
einige	Frühlingszwiebeln
1 EL	Rapsöl
	Apfelessig
	Salz
	Pfeffer
	Kresse

Bunter Blattsalat mit grünem Spargel und Kräuterpesto

SCHRITT 1: Salate waschen und Zwiebel in dünne Streifen schneiden. Salat und Zwiebelringe auf Tellern anrichten. Spargelenden großzügig wegschneiden und den Spargel im Spargeltopf bissfest kochen.
SCHRITT 2: Salat mit Olivenöl und Essig marinieren und mit Salz und Pfeffer würzen. Den Spargel obenauf legen und mit Kräuterpesto, Schnittlauchröllchen und geriebenem Parmesan servieren.

etwas	Lollo-rosso-Blattsalat
etwas	Friseesalat
einige	Rucola-Blätter
1	Zwiebel
500 g	grüner Spargel
	Balsamicoessig
	Olivenöl
	Salz
	Pfeffer
2 EL	Kräuterpesto
	Schnittlauchröllchen
etwas	geriebener Parmesan

Belegte Kohlrabibrote

SCHRITT 1: Kohlrabi schälen und in Scheiben schneiden.
SCHRITT 2: Ei in Scheiben schneiden. Kohlrabi mit den Eischeiben, dem Käse sowie dem Schinken oder dem Fisch beliebig belegen.

1	großer Kohlrabi
1	hart gekochtes Ei
	Magerkäse
	Beinschinken, geräucherte Forellenstücke oder geräucherter Lachs
	frisch geschnittene Schnittlauchröllchen

Wildkräutersuppe

SCHRITT 1: Die Zwiebeln mit dem Grün klein schneiden und in Rapsöl anrösten.
SCHRITT 2: Löwenzahnblätter und Brennnesselblätter gut abspülen und mit kochendem Wasser überbrühen.
SCHRITT 3: Zwiebeln und Wildkräuter im Stabmixer pürieren, mit Gemüsesuppe aufgießen und mit klein geschnittenem Stangensellerie, den Zuckererbsenschoten und Knoblauch aufgießen. Ca. 20 Minuten köcheln lassen. Suppe mit Pesto, Salz, Pfeffer und Muskatnuss würzen und mit Löwenzahnblättern garnieren.

100 g	Zuckererbsenschoten
100 g	Stangensellerie
1 Bd.	Frühlingszwiebeln
1 Hand	voll Brennnesselblätter
1 Hand	voll Löwenzahnblätter
1 EL	Rapsöl
½ l	Biogemüsebrühe
1	gepresste Knoblauchzehe
etwas	geriebene Muskatnuss
1 EL	Kräuterpesto
einige	junge Löwenzahnblüten

Info *Wildkräuter haben eine entschlackende und stoffwechselanregende Wirkung und sind noch dazu wahre Vitamin- und Mineralstoffbomben. Beim Sammeln ist darauf zu achten, nur Pflanzen abseits vom Straßenverkehr und von hundefreien Zonen zu verwenden.*

Klare Rindsuppe mit Frühlingsgemüse

400 g	saftiges Rindfleisch im Ganzen (eventuell Tafelspitz)
100 g	Rindsknochen
	kaltes Wasser
1	Zwiebel
2	Knoblauchzehen
	Salz
	schwarze Pfefferkörner
1	Biosuppenwürfel
1	Tomate
2	Petersilienwurzeln
etwas	Maggikraut
1	Sellerieknolle
ein paar	Erbsen (anstelle der sonst üblichen Karotten)
	frischer Schnittlauch

Schritt 1: Die Knochen und das Fleisch unter fließendem kalten Wasser waschen und in einem Kochtopf mit kaltem Wasser zum Kochen bringen. Erst nach 1 Stunde Kochzeit das Wurzelwerk, den Biosuppenwürfel, die klein geschnittene Zwiebel, die geviertelte Tomate, das Suppengrün, Maggikraut, Pfefferkörner und den fein gehackten Knoblauch beigeben. Nicht zugedeckt langsam kochen lassen.

Schritt 2: Das Fleisch vom Herd stellen. Die Suppe abseihen, sobald das Fleisch sich kernig-weich durchstechen lässt, und salzen. In Suppentellern mit Wurzelwerk und Erbsen servieren und mit Schnittlauchröllchen garnieren.

Info *Der gekochte Sellerie hat einen hohen GI, aber nur einen schwachen Gehalt an reiner Glukose und ist für jede Suppe wegen des typischen Geschmacks unerlässlich.*

Spargelcremesuppe

SCHRITT 1: Den Spargel waschen, schälen und in reichlich Wasser bissfest kochen. Anschließend abseihen, die Spitzen wegschneiden und beiseite stellen.

SCHRITT 2: Den restlichen Spargel pürieren, mit Salz, Pfeffer, geriebener Muskatnuss und der Gemüsebrühe aufkochen lassen. Eventuell mit etwas Sauerrahm oder Crème Fraîche verfeinern und mit fein gehackter Petersilie und den Spargelspitzen servieren. (Wenn Sie Sauerrahm verwenden, fügen Sie diesen ganz zum Schluss zu und lassen Sie die Suppe nicht mehr kochen.)

400 g	Spargel
ca. ¼ l	Biogemüsebrühe
	Salz
	Pfeffer
	Muskatnuss
	gehackte Petersilie
1 EL	Sauerrahm oder Crème Fraîche

Tipp *Falls Sie zu Mittag nur Suppe essen, können Sie die Suppe mit klein geschnittenem Tofu vervollständigen.*

Frühlingszwiebelkuchen mit grünem Salat

SCHRITT 1: Frühlingszwiebeln waschen und mit dem Grün in Scheiben schneiden. In einer Pfanne Olivenöl erhitzen, die Zwiebeln leicht andünsten und anschließend mit Küchenkrepp abtropfen.

SCHRITT 2: Eidotter und ganzes Ei mit Sojacreme aufschlagen. Bierkäse, Lauch und Tabasco dazugeben und gut vermengen. In eine mit Backpapier ausgelegte Auflaufform füllen, pfeffern und im Backrohr bei 170 °C ca. 25 Minuten backen. (Salzen ist nicht notwenig, da Bierkäse genug Salz enthält.) Dazu passt hervorragend ein grüner Salat.

2 Stangen	Frühlingszwiebeln
1 EL	Olivenöl
2	Eidotter
1	ganzes Ei
100 g	Sojacreme
100 g	geriebener Bierkäse
	Pfeffer (aus der Mühle)
etwas	Tabasco

Pilznudeln

SCHRITT 1: Nudeln al dente kochen und abschrecken.
SCHRITT 2: Pilze putzen und in ca. 4 mm dicke Scheiben schneiden.
SCHRITT 3: Zwiebel schälen, fein würfeln und in etwas Gemüsebrühe glasig dünsten. Pilze, Sojasauce hinzufügen und kurz braten. Nudeln dazugeben, vermischen und kurz weiter braten. Mit Salz und etwas Zitronensaft abschmecken und mit Pfeffer, Sesam und frischer Petersilie bestreuen.

200 g	Sojanudeln
200 g	frische gemischte Pilze
1	Zwiebel
etwas	Gemüsebrühe
1 TL	schwarzer Sesam
1 TL	Sojasauce
	Salz
	Pfeffer
	frischer Zitronensaft
	klein gehackte Petersilie

Eierspeise mit Bärlauch

SCHRITT 1: Die Frühlingszwiebel fein hacken und in einer Pfanne mit etwas Olivenöl anrösten. Etwas Olivenöl dazugeben und die gewaschenen und zerkleinerten Bärlauchblätter in die Pfanne legen. Die mit Salz und Pfeffer versprudelten Eier darüber gießen. Hitze reduzieren und langsam stocken lassen. Klein geschnittenen Käse darüber legen.
VARIANTE 2: Statt Bärlauch eignen sich auch bestens Rucola oder Petersilie.

4	Eier
1	Frühlingszwiebel
ca. 50 g	Bärlauch
	Olivenöl
	Salz
	Pfeffer
2 Scheiben	Käse

Info *Bärlauch zählt zu den Wildkräutern und ist vitamin- und mineralstoffreich. Die jungen Blätter, die man in den Wäldern im Vorfrühling findet, kann man roh und gehackt Salaten hinzufügen oder in Form eines Topfenaufstriches essen. Gedünstet verwendet man Bärlauch wie Spinat, so eignet er sich auch bestens für Suppen. Bärlauch hat eine stoffwechselanregende, entwässernde und blutreinigende Wirkung. Achtung: Nicht mit Maiglöckchenblättern verwechseln, denn diese sind giftig!*

Frische Gebirgsforelle auf Fenchelgemüse mit Cocktailtomaten

SCHRITT 1: Gebirgsforellen innen und außen gut salzen. Mit Zitronensaft beträufeln, mit dem gepressten Knoblauch bestreichen und in Olivenöl auf beiden Seiten anbraten, bis sie eine schöne Farbe haben. Ganz zum Schluss mit fein gehackter Petersilie bestreuen und noch einmal wenden.

SCHRITT 2: Fenchelgrün abzupfen und fein hacken. Fenchel waschen, halbieren und in feine Scheiben schneiden. Olivenöl erhitzen, Fenchelstreifen anschwitzen und mit Gemüsebrühe aufgießen. Fenchel bissfest dünsten, mit Salz, Pfeffer und Fenchelgrün würzen und mit Sauerrahm binden. Forellen und Fenchelgemüse mit leicht angebratenen Cocktailtomaten anrichten.

2	kleine Gebirgsforellen
2	Knoblauchzehen
½	Zitrone (Saft)
etwas	Olivenöl
1 Bd.	Petersilie
400 g	Fenchel
4	Cocktailtomaten
¼ l	Biogemüsebrühe
	Salz
	Pfeffer
1 EL	Sauerrahm

Faschierter Braten mit Fisolensalat

250 g	Rinderfaschiertes
½	kleine Zucchini
1	Ei
1	Knoblauchzehe
½ Bd.	Suppengrün
	Salz
	Pfeffer
1 EL	Rapsöl
1 Bd.	Schnittlauch

SCHRITT 1: Suppengrün sehr fein hacken, Zucchini fein raspeln und ausdrücken. Faschiertes, Ei, gepressten Knoblauch, Salz und Pfeffer dazugeben und gut durchmischen. Die Masse zu einem länglichen Teig formen und in einer ofenfesten Form mit wenig Rapsöl scharf anbraten.

SCHRITT 2: Den Braten zudecken und im Rohr bei mittlerer Hitze ca. 40 Minuten braten. Dazwischen öfters mit Wasser aufgießen und die letzten 10 Minuten abdecken, damit der Braten eine schöne Farbe bekommt.

SCHRITT 3: Aus dem Rohr nehmen und in Scheiben schneiden. Auf einem großen Teller mit etwas Saft anrichten und mit Schnittlauch bestreuen.

Fisolensalat

Schritt 4: Salat zerteilen, waschen und nudelig schneiden. Fisolen putzen, waschen, klein schneiden, in Salzwasser bissfest garen und kalt abschrecken. Karotten fein reißen und mit den Fisolen vermengen. Zwiebel ringelig schneiden und mit Fisolen und Blattsalat gut vermischen.
Schritt 5: Aus Salz, Pfeffer, Weinessig und Rapsöl eine Marinade bereiten, über den Salat gießen und mit dem geschnittenen Schnittlauch servieren.

300 g	Fisolen
½	Kopfsalat
2	Karotten
1	Zwiebel
½ Bd.	Schnittlauch
Marinade	
	Salz
	Pfeffer
	Weinessig
etwas	Rapsöl

Schweinsmedaillons mit Spargel und Bärlauchpesto

Schritt 1: Bärlauch waschen, abtropfen und fein hacken. Gehackte Walnüsse und Mandeln eventuell kurz rösten. Bärlauch, Walnüsse, Mandeln, Parmesan und Olivenöl in einen Stabmixer geben und kurz vorsichtig pürieren. Anschließend in ein Glas mit Verschluss füllen. (Im Kühlschrank hält sich das Pesto mehrere Wochen.)
Schritt 2: Die Medaillons salzen, pfeffern und in Olivenöl scharf anbraten, mit etwas Gemüsebrühe aufgießen und gar braten.
Schritt 3: Weißen Spargel schälen und unteres Ende wegschneiden, bei grünem Spargel nur das untere Ende wegnehmen und in einem Spargeltopf bissfest kochen. Danach abseihen und sofort mit den Medaillons auf Tellern anrichten und mit Bärlauchpesto verfeinern.

300 g	Schweinsmedaillons
500 g	grüner oder weißer Spargel
etwas	etwas Biogemüsebrühe
2 EL	Olivenöl
2 EL	Bärlauchpesto
Bärlauchpesto	
200 g	Bärlauch
	gehackte Walnüsse
1 EL	gehackte Mandeln
2 EL	geriebener Parmesan
6 EL	Olivenöl
	Salz

Erdbeersalat mit grünen Pfefferkörnern

SCHRITT 1: Erdbeeren waschen und klein schneiden. Mit Agavensirup abmischen und mit grünem Pfeffer verfeinern.

250 g	Erdbeeren
1 TL	Agavensirup
	frisch geriebene grüne Pfefferkörner

Kleine Hartkäseplatte

Variationen von verschiedenen Käsesorten in vernünftigen Mengen mit Salatblättern garnieren.

Info

Käse ist in Phase I nur nach einer Eiweiß-Fett-Mahlzeit erlaubt. Brot darf in Phase I keinesfalls gegessen werden. Als Alternative bieten sich Kohlrabischeiben als Unterlage an.

Bittersalate mit Sojasprossen

SCHRITT 1: Die gewaschenen Sojasprossen kurz blanchieren. Zwiebel klein schneiden, Karotten fein raspeln, Petersilie fein hacken und alles mit den Blattsalaten mischen. Mit Distelöl, Zitronensaft, Salz und frischem Pfeffer marinieren.

100 g	Sojasprossen
1 Bd.	Petersilie
20 g	Löwenzahn- oder Rucolablätter
½	kleiner Kopfsalat
2	Karotten
2 EL	Distelöl
½	Zitrone (Saft)
1	Zwiebel
	Salz
	Pfeffer

Kohlrabisalat mit Geselchtem und frischem Kren

SCHRITT 1: Kohlrabi schälen und grob raspeln. Gewaschenen, zerkleinerten Salat und den geraspelten Kohlrabi mit Apfelessig, Rapsöl, Salz und Pfeffer marinieren und auf 2 Tellern verteilen. Das dünn geschnittene Geselchte darüber legen und mit frischem Kren und Löwenzahnblüten garnieren.

80 g	gemischte Blattsalate
1	kleiner Kohlrabi
140 g	Geselchtes
6	Löwenzahnblüten
	Rapsöl
	Apfelessig
1 EL	frisch gerissener Kren
	Salz
	Pfeffer (aus der Mühle)

Info *Geselchtes ist ein gepökeltes und dann geräuchertes Fleisch.*

Zuckererbsencremesuppe mit Garnelen

Schritt 1: Erbsen in einem Topf mit Wasser weich kochen, abseihen und kalt abschrecken. Die frische Petersilie klein hacken, zu den Erbsen geben und mit Gemüsebrühe aufgießen. Zwiebeln klein schneiden und in etwas Olivenöl glasig dünsten, zur Suppe geben und pürieren.

Schritt 2: Die ausgelösten Garnelen in Olivenöl kurz an beiden Seiten anbraten, in die Suppe geben und nach Geschmack mit Salz und Pfeffer verfeinern.

250 g	Zuckererbsen
½ l	Biogemüsebrühe
½ Bd.	Frühlingszwiebeln
1 Bd.	frische Petersilie
8	Garnelen
	Salz
	Pfeffer (aus der Mühle)
	Olivenöl

Gebratener grüner Spargel mit Sesamkörnern und gehackten Eiern

Schritt 1: Sesamkörner in einer Pfanne ohne Fett unter Rühren 2 Minuten goldbraun rösten und beiseite stellen. Knoblauch und Ingwer mit dem Sesamöl leicht erwärmen. Sojasauce dazugeben und Eier klein hacken.

Schritt 2: Geputzten Spargel in heißem Wasser bissfest kochen, abseihen und auf 2 Tellern anrichten. Pfeffern und mit Sesamkörnern, Sesamöl, Sojasauce und gehackten Eiern servieren.

500 g	grüner Spargel
	Pfeffer
2 TL	Sesamöl
1 EL	Sojasauce
2	gekochte Eier
1 EL	schwarze Sesamkörner
1	fein gehackte Knoblauchzehe
1 TL	frischer, geriebener Ingwer

Hühnerbruststreifen mit Parmesan auf Blattspinat

Schritt 1: Filets in 2 bis 4 cm große längliche Stücke schneiden, pfeffern und mit Thymian bestreuen. In eine Schüssel Joghurt, gepressten Knoblauch und gehackte Petersilie geben und verrühren. Die Hühnerstücke zufügen und durchziehen.

Schritt 2: Das Backrohr vorheizen, die Hühnerbruststücke in geriebenem Parmesan wälzen und in eine leicht eingeölte Auflaufform legen. Restlichen Parmesan darüber streuen und etwa 15 bis 20 Minuten garen. (Salzen ist nicht notwendig, da Parmesan genug Salz enthält.)

Schritt 3: Den gewaschenen und grob zerkleinerten Blattspinat in leicht kochendem Wasser blanchieren, abseihen und mit einigen Tropfen Olivenöl, Salz und Pfeffer abschmecken.

2	Hühnerbrustfilets
etwas	frischer Thymian
2 EL	Magerjoghurt
1	gepresste Knoblauchzehe
½ Bd.	gehackte Petersilie
50 g	geriebener Parmesan
300 g	Blattspinat
2 EL	Olivenöl
	Salz
	Pfeffer

Thunfischsteak mit Kräuterfisolen

Schritt 1: Salzwasser in einem Topf zum Kochen bringen und die Fisolen darin ca. 10 Minuten bissfest garen. Kalt abschrecken, abtropfen lassen und mit den klein geschnittenen Zwiebeln und dem Dressing vermengen.
Schritt 2: Olivenöl in der Pfanne erhitzen und die Thunfischsteaks mit Salz und Pfeffer würzen und von jeder Seite gut anbraten (sie sollten innen noch rosig sein). Die Steaks aus der Pfanne nehmen und 3 Minuten ruhen lassen.
Schritt 3: Zuletzt die Tomaten unter die Fisolen mischen. Die Salatblätter auf 2 Tellern anrichten und das Steak darüber legen. Mit einigen Petersilienblättern und Sesamkörnern garnieren.

2	Thunfischsteaks
300 g	Fisolen
2	Frühlingszwiebeln
etwas	Olivenöl
100 g	Kirschtomaten
½	Lollo rosso
1 TL	schwarzer Sesam
	Salz
	Pfeffer
Dressing	
1 TL	frische, fein gehackte Petersilie
1 TL	frische, fein gehackte Minze
1	zerdrückte Knoblauchzehe
2 EL	Olivenöl
1 EL	Rotweinessig
	Salz
	Pfeffer

Suppennudelpfanne

SCHRITT 1: Die Frühlingszwiebeln mit dem Grün klein schneiden und in einer Pfanne mit Zitronensaft glasig dünsten. Geputzte Erbsenschoten zugeben und weich dünsten. Grüne Erbsen weich kochen und kalt abspülen.

SCHRITT 2: Suppennudeln sehr al dente kochen, abseihen und alles in die Pfanne geben. Gepressten Knoblauch und zuletzt die fein geschnittene Petersilie zufügen. Salzen, pfeffern und mit einigen Salatblättern ansprechend auf Tellern anrichten und mit dem Nudelgericht servieren.

180 g	Suppennudeln aus Hartweizen (roh)
100 g	Erbsenschoten
100 g	grüne Erbsen
einige	Frühlingszwiebeln mit Grün
1	rote Paprikaschote
1 Bd.	Petersilie
etwas	Gemüsebrühe
1	Zitrone (Saft)
1	Knoblauchzehe
	Salatblätter zum Garnieren
	Salz
	Pfeffer

Info *Suppennudeln aus Hartweizen haben nur einen GI von 35, deshalb eignen sie sich bestens als kohlenhydrathaltige Hauptspeise in Phase I.*

Rhabarber-Erdbeer-Kompott

SCHRITT 1: Rhabarber schälen und in ca. 2 cm große Stücke schneiden. Erdbeeren waschen und teilen. Wasser, Agavensirup, Zimtrinde und Nelken einige Minuten aufkochen lassen, Rhabarberstücke zugeben und kernig kochen. Gewürze entfernen, Rhabarber im Sud etwas auskühlen lassen und in Kompottschalen servieren.

200 g	Rhabarber
100 g	Erdbeeren
etwas	Agavensirup
½ l	Wasser
1	Zimtrinde
4	Gewürznelken

Schokoladenerdbeeren

Schritt 1: Schokolade im Wasserbad schmelzen lassen und die Erdbeeren mit der Spitze darin eintauchen. Mit einem Zahnstocher aufspießen, auf einen Apfel setzen und trocknen lassen.

200 g	frische große Erdbeeren
20 g	Schokolade (mit mindestens 70 % Kakaoanteil)

Das Frühlingsmenü in Phase II

Cocktail mit Avocado und Flusskrebsen

SCHRITT 1: Avocado klein schneiden und mit Zitronensaft, Tabasco, Salz und Pfeffer marinieren. Petersilie fein hacken, Zwiebeln mit dem Grün in feine Scheiben schneiden und dazugeben. Die Flusskrebse untermengen und auf den mit Olivenöl marinierten Salatblättern anrichten.

80 g	Flusskrebse
½	Avocado
1 Bd.	Petersilie
½	Zitrone (Saft)
	Pfeffer
	Salz
etwas	Tabasco
1 Bd.	Frühlingszwiebeln
einige	Salatblätter
1 EL	Olivenöl

Schinkenröllchen mit Topfenkrenfüllung auf Blattsalat

SCHRITT 1: Magertopfen mit Mineralwasser, Kren, Senf, Pfeffer, Salz und den Schnittlauchröllchen abrühren und damit die Schinkenblätter füllen. Salatkopf zerteilen, waschen, trocken tupfen und mit Salz, Pfeffer, Olivenöl und Balsamicoessig abschmecken.

SCHRITT 2: Salat auf 2 Teller legen und die Schinkenröllchen obenauf setzen. Mit Löwenzahnblüten und eventuell einem gekochten und geviertelten Ei garnieren und servieren.

½	kleiner grüner Salatkopf
150 g	Magertopfen
etwas	Mineralwasser
4 Blätter	Beinschinken
1 EL	Kren
	Salz
	Pfeffer
1 Bd.	Schnittlauch
6	Löwenzahnblüten
1	gekochtes Ei
etwas	Senf
	Olivenöl
	Balsamicoessig

Bärlauchsuppe

SCHRITT 1: Zwiebel fein hacken, Bärlauchblätter waschen und in kleine Stücke schneiden. Zwiebel in Olivenöl anschwitzen, Bärlauch zugeben, kurz mitrösten und mit Biogemüsebrühe aufgießen.

SCHRITT 2: Sellerie schälen, in die Suppe reiben und mit Salz und Pfeffer würzen. 20 Minuten auf kleiner Flamme köcheln lassen, pürieren und mit etwas Sauerrahm oder Sojacreme verfeinern.

1	Zwiebel
250 g	Bärlauch
1	Sellerie
1 EL	Olivenöl
½ l	Biogemüsebrühe
	Salz
	Pfeffer
2 EL	Sauerrahm (oder besser Sojacreme)

Info

Fügen Sie Sojacreme oder Sauerrahm erst ganz zum Schluss zu und lassen Sie die Suppe dann nicht mehr kochen. Der Vorteil der Sojacreme ist, dass sie keine gesättigten Fette enthält und auch bei Laktoseintoleranz gut verträglich ist.

Spaghetti mit Spargelstücken

SCHRITT 1: Vollkornspaghetti in leicht gesalzenem Wasser sehr al dente kochen und abseihen. Die Spargelstücke in ca. 2 cm große Stücke schneiden, in Salzwasser bissfest kochen und gut abseihen. Spaghetti mit Spargelspitzen, gehackter Petersilie, Olivenöl, Salz und Pfeffer abmischen und servieren. Mit etwas Parmesan bestreuen.

200 g	Vollkornspaghetti (roh)
	Wasser
	Salz
250 g	grüner Spargel
1–2 EL	Olivenöl
1 Bd.	fein gehackte Petersilie
	Pfeffer (aus der Mühle)
	Salz
etwas	geriebener Parmesan

Wiener Tafelspitz mit Spinat, Spiegelei, Suppengemüse und Apfelkren

SCHRITT 1: Die Knochen und das Fleisch unter fließendem kalten Wasser waschen und in einem Kochtopf mit kaltem Wasser zum Kochen bringen. Erst nach 1 Stunde Kochzeit das Wurzelwerk, den Biosuppenwürfel, die Zwiebel, das Suppengrün, Maggikraut, Pfefferkörner und den Knoblauch beigeben. Nicht zugedeckt langsam kochen.

SCHRITT 2: Karotten, Lauch und Stangensellerie gut waschen, putzen und der Länge nach in ca. 10 cm große Stücke schneiden. Erst kurz vor Ende der Kochzeit zur Suppe geben, damit das Gemüse bissfest bleibt.

300 g	Tafelspitz
100 g	Rindsknochen
1 Bd.	Wurzelwerk (Petersilienwurzel, Karotte, Selleriezwiebel)
1	Zwiebel
1	Knoblauchzehe
2	große Karotten
1 Stange	Lauch
½ Stange	Sellerie
	Salz
	schwarze Pfefferkörner
	kaltes Wasser
1	Biosuppenwürfel
2	Eier
	Schnittlauch

SPINAT

SCHRITT 3: Zwiebel fein schneiden und in Rapsöl anrösten. Mit Rindsuppe aufgießen und mit Salz, Pfeffer, Muskatnuss und zerdrückter Knoblauchzehe würzen. Blattspinat gründlich waschen und zerkleinern. In heißem Wasser kurz blanchieren, abseihen und beigeben. Alles kurz durchkochen, Spinat mit Stabmixer pürieren und zuletzt mit etwas Obers verfeinern.

SCHRITT 4: Ei in einer beschichteten Pfanne ohne Öl anbraten.

400 g	frischer Blattspinat
1 EL	Rapsöl
1	fein geschnittene Zwiebel
	Salz
	Pfeffer
1	Knoblauchzehe
	Muskatnuss
etwas	Rindsuppe
1 EL	Obers

Apfelkren

Schritt 5: Apfel schälen, Kerngehäuse herausschneiden und fein reißen. Mit Zitronensaft beträufeln, fein gerissenen Kren dazugeben und mit Rapsöl, Salz und bei Bedarf mit etwas Agavensirup süßen.

1	großer Apfel
1 EL	fein gerissener Kren
	Salz
	Zitronensaft
1 EL	Rapsöl
	Salz
	Agavensirup nach Belieben

Schritt 6: Beim Tranchieren das Fleisch gegen die Fasern schneiden, auf Tellern mit Suppengemüse, Spiegelei, Spinat und Apfelkren anrichten und mit etwas Suppe übergießen. Nach Geschmack salzen und mit Schnittlauch bestreuen.

Info

Wenn Sie nicht auf Kartoffeln verzichten wollen, dann essen Sie Frühkartoffeln oder Süßkartoffeln dazu, diese haben einen niedrigeren GI als lang gelagerte Kartoffeln! Am besten wählen Sie Salzkartoffeln, das ist die beste Zubereitungsart. Mit Kartoffeln sollten Sie dieses Gericht aber nur in Phase II zu Mittag zubereiten und keine stärkehaltige Nachspeise mehr essen.

Zanderfilet mit Zuckererbsenschoten und Olivencreme

SCHRITT 1: Die Zanderfilets auf der Hautseite mit zerdrücktem Knoblauch einreiben, salzen und pfeffern. In einer Pfanne Olivenöl erhitzen, die Filets auf der Hautseite anbraten, danach wenden und kurz auf der anderen Seite fertig braten.
SCHRITT 2: Die entsteinten Oliven im Stabmixer pürieren. In einer Pfanne die klein geschnittene Zwiebel mit etwas Olivenöl glasig dünsten und das Olivenpüree zufügen. 1 Minute kochen lassen, Hitze reduzieren und mit der Sojacreme verfeinern.
SCHRITT 3: Zuckererbsenschoten waschen, abtropfen lassen und die Enden abschneiden. In reichlich Wasser kurz blanchieren, kalt abschrecken und nach Geschmack mit etwas Salz und Pfeffer würzen. Mit frischer Petersilie bestreuen und mit den Zanderfilets und der Olivencreme servieren.

2	Zanderfilets
1	zerdrückte Knoblauchzehe
2 EL	Olivenöl
	Salz
	Pfeffer
400 g	Zuckererbsenschoten
	frische Petersilie
Olivencreme	
80 g	entsteinte grüne Oliven
1	kleine, fein gehackte Zwiebel
etwas	Sojacreme
	Salz
	Pfeffer

Info *Wenn Sie keine stärkehältige Nachspeise mehr essen, können Sie als Sättigungsbeilage Buchweizen oder Wildreis zubereiten.*

Mohntopfenknödel mit Erdbeermus

(3 Portionen, 6–7 Knödel)

SCHRITT 1: Zutaten zu einem Teig formen und 30 Minuten rasten lassen. Die Hände mit Wasser anfeuchten (das ist unbedingt notwendig, da der Teig sehr weich ist). Knödel formen und in leicht kochendem Wasser 8 bis 10 Minuten ziehen lassen. Danach abseihen und in dem mit Vollzucker vermischten Mohn wenden.

SCHRITT 2: Erdbeeren pürieren, mit Agavensirup süßen und zu den Knödeln reichen.

250 g	Magertopfen
1 Prise	Salz
1	ganzes Ei
1	Eidotter
3 EL	Hartweizengrieß (fein)
3 EL	gehäufte geriebene Mandeln
1 Pkg.	Vanillinzucker
Brösel	
50 g	gemahlener Mohn
2 EL	Vollzucker
Mus	
200 g	Erdbeeren
1 EL	Agavensirup

Tipp Sie können auch mit einem in kaltes Wasser getauchten Löffel Nockerln formen.

Info *Die folgenden Mehlspeisen eignen sich nur nach einer Eiweiß-Fett-Mahlzeit in Phase II zu Mittag. Das Problem bei Mehlspeisen ist, dass sie meist eine Fett-Kohlenhydrat-Mischung sind und daher schnell zu einer Gewichtszunahme führen.*

Esterhazy-Schnitten (Ausnahme)

4	Eiklar
1 Prise	Salz
120 g	Agavensirup
150 g	geriebene Mandeln oder Haselnüsse
	Ribiselmarmelade (mit 70 % Fruchtanteil)
einige	Mandelblätter

Schritt 1: Eiklar mit einer Prise Salz zu festem Schnee schlagen und langsam Agavensirup einschlagen. Dann die fein gemahlenen Mandeln oder Nüsse untermengen. Die Masse auf ein mit Backpapier belegtes Backblech streichen und vorsichtig backen. Anschließend in 4 Streifen schneiden, erkalten lassen und mit Puddingcreme aus Magermilch füllen und aufeinander setzen.

Schritt 2: Den untersten Streifen mit Ribiselmarmelade, den zweiten und dritten Streifen mit Puddingcreme bestreichen. Als Abschluss eine feine Schicht mit Ribiselmarmelade auftragen und mit Mandelblättern bestreuen.

PUDDINGCREME (ganz ohne Stärke)

3	große Eidotter
1 EL	Rum
¼ l	Magermilch
5 Blatt	Gelatine
120 g	Joghurtbutter
80 g	Fruchtzucker

Schritt 3: Gelatine in erwärmtem Rum unter ständigem Rühren auflösen. Milch leicht erwärmen, Dotter zufügen und dabei ständig umrühren. Aufgelöste Gelatine in die Milch geben, weiter umrühren und vom Herd nehmen. In die erkaltete Eiercreme (dauert ein paar Stunden) zimmerwarme Joghurtbutter und Fruchtzucker zugeben und mit dem Mixer aufschlagen.

Nussrolle Helene mit Veilchenblüten

5	Eidotter
5	Eierklar
1 Prise	Salz
1	Ei
100 g	Vollzucker
70 g	geriebene Walnüsse
30 g	geriebene Mandeln
1 Msp.	Backpulver
1 EL	Rum
	Erdbeermarmelade (mit 70 % Fruchtanteil)
einige	Veilchenblüten

SCHRITT 1: Dotter, Ei, Vollzucker und Rum mit dem Mixer sehr fein rühren. Dann Nüsse und mit Backpulver vermischte Mandeln untermengen. Eiklar mit einer Prise Salz sehr steif schlagen und den Schnee vorsichtig unter die Eimasse mischen.

SCHRITT 2: Ein Backblech mit Papier auslegen und die Masse darauf streichen. Ca. 20 bis 25 Minuten im vorgeheizten Backrohr bei ca 190 °C backen.

SCHRITT 3: Die fertig gebackene, noch warme Masse zu einer Rolle formen, das Papier abziehen, erkalten lassen und mit Erdbeermarmelade füllen. Auf der Oberseite der Rolle einen schmalen Marmeladestreifen ziehen und diesen mit frischen Veilchenblüten verzieren.

Wildkräutersalat mit Quinoa

SCHRITT 1: Quinoa in ein Sieb geben und unter fließendem Wasser abspülen. In einem Topf mit doppelter Menge Wasser und etwas Salz zum Kochen bringen. Herd abschalten und noch 15 Minuten garen lassen.
SCHRITT 2: Kräuter, Zwiebeln und Paprikaschote sehr fein schneiden und mit dem Quinoa vermischen. Mit Olivenöl, Salz, Pfeffer und Zitronensaft marinieren und servieren.

1 Tasse	Quinoa
4 EL	klein geschnittene Kräuter (z. B. Löwenzahnblätter, Petersilie, Sauerampfer, Kresse, Minze)
1	rote Paprikaschote
½ Bd.	Frühlingszwiebeln
1	Zitrone (Saft)
2 EL	Olivenöl
	Salz
	Pfeffer

Info

Quinoa, auch Reismelde genannt, wird als „das Gold der Inkas" bezeichnet, ist glutenfrei und zeichnet sich durch einen hohen Eiweißgehalt und durch einen sehr niedrigen GI (35) aus. Man sollte Quinoa vor dem Kochen waschen, um etwaige Rückstände von Saponin zu entfernen, einer etwas bitteren, das Korn umhüllenden Substanz, die es vor Futter suchenden Vögeln und Insekten schützt (natürliches Insektizid). Quinoa wird in zwei Tassen Wasser pro Tasse Quinoa ungefähr 10 Minuten gekocht und kann vor dem Kochen auch mit 1 EL Olivenöl 4 bis 5 Minuten gebräunt werden. Quinoa eignet sich bestens für Salate oder auch als Beilage anstelle von Reis, Kartoffeln oder Nudeln.

Spargel mit Rohschinken und gehacktem Ei

SCHRITT 1: Ei in kleine Stücke schneiden. Spargel schälen, die Enden großzügig abschneiden und in heißem Wasser mit etwas Salz ca. 15 Minuten ziehen lassen. Abseihen und auf Teller verteilen. Salzen, pfeffern mit Rohschinken, Ei und Kresse garnieren. Zuletzt das Bärlauchpesto über die Kresse geben und servieren.

400 g	weißer Spargel
etwas	Salz
50 g	Rohschinken
1	Ei
	Salz
	Pfeffer
1	Knoblauchzehe
1 EL	Bärlauchpesto
	frische Kresse

Rettichcremesuppe

Schritt 1: Lauch, Rettich und Rettichblätter waschen, klein hacken und in Olivenöl dünsten. Mit Wasser und Biosuppenwürfel aufgießen und bei starker Hitze 5 Minuten kochen lassen.

Schritt 2: Das Ganze im Mixer pürieren mit Salz und Pfeffer würzen. Nochmals erhitzen und kurz vor dem Servieren Sauerrahm oder Sojacreme zufügen.

2 Bd.	Rettich mit Blättern
1	kleine Stange Lauch
1 EL	Sauerrahm (besser aber Sojacreme)
1	Biosuppenwürfel
	Salz
	Pfeffer
1 EL	Olivenöl

Bärlauchlaibchen mit Salatgarnitur

Schritt 1: Bärlauch oder Blattspinat waschen, Stiele entfernen und mit heißem Wasser überbrühen, ausdrücken und klein hacken. Frühlingszwiebeln in kleine Streifen schneiden und mit Topfen, den Gewürzen, dem Ei und dem Dotter, geraspeltem Kohlrabi, Dinkelmehl und geriebenem Parmesan vermischen.

Schritt 2: Aus der Masse Laibchen formen (die Masse ist sehr weich) und diese im Backrohr auf einer beschichteten Backfolie bei 160 °C ca. 20 Minuten backen. Mit einer Salatgarnitur und einem Joghurtdressing mit Schnittlauchröllchen anrichten.

150 g	Bärlauch oder Blattspinat
50 g	Frühlingszwiebeln
100 g	geraspelter Kohlrabi
100 g	Magertopfen
1	Ei
1	Eidotter
35 g	Dinkelmehl
15 g	geriebener Parmesan
1 Msp.	Muskatnuss
	Salz
	Pfeffer
Salat	
80 g	Blattsalate
100 ml	Joghurt (1 %)
	Salz
	Pfeffer
	Schnittlauchröllchen

Tipp *Die Gemüselaibchen schmecken auch kalt oder als Zwischenmahlzeit sehr gut. Das Gemüse ist beliebig und je nach Saison austauschbar.*

Fischcurry mit Champignons

SCHRITT 1: Zwiebel schälen, fein hacken und in einer Pfanne mit Olivenöl glasig dünsten. Champignons waschen, putzen, blättrig schneiden und mitdünsten.
SCHRITT 2: Fischfilets in 3 cm große Stücke schneiden und dazugeben. Bei geringer Hitze von allen Seiten anbraten und mit der Hälfte des Currys würzen. Zuletzt mit Sauerrahm verfeinern und das restliche Curry beimengen. Mit Salz und Pfeffer würzen und mit Blattsalat servieren.

2	große Kabeljaufilets
1	rote Zwiebel
2 EL	Olivenöl
400 g	Champignons
½ TL	Curry
etwas	Sauerrahm oder Sojacreme
	Salz
	Pfeffer
	Koriander

Info *Zu diesem Gericht können Sie in Phase II noch Wildreis essen, dann sollten Sie aber auf eine kohlenhydrathaltige Nachspeise verzichten.*

Maischolle in Weißweinolivensauce mit gefülltem Kohlrabi

2	Maischollen
	Salz
	Pfeffer
etwas	Olivenöl
8	grüne Oliven
½	Zitrone (Saft)
1 Glas	trockener Weißwein
2	kleine Kohlrabi
1 Bd.	Petersilie
6	Garnelen
	Sauerrahm oder Sojacreme
1	kleine Schalotte
	Olivenöl

SCHRITT 1: Maischollen mit kaltem Wasser abspülen, trocken tupfen, salzen, pfeffern und in einer Pfanne mit Olivenöl anbraten. Die entkernten grünen Oliven in Scheiben schneiden, beifügen und mit der Hälfte des Weins und Zitronensaft gar dünsten.

SCHRITT 2: Kohlrabi schälen, etwas abflachen und das Fruchtfleisch aushöhlen, so dass eine mindestens 1 cm dicke Wand bleibt, dann bissfest in Salzwasser kochen.

SCHRITT 3: Für die Sauce das Fruchtfleisch klein schneiden, die Schalotte in etwas Olivenöl glasig dünsten, das Fruchtfleisch dazugeben, salzen, pfeffern, restlichen Wein beifügen und gar kochen. Zum Schluss mit Sauerrahm verfeinern, erkalten lassen und mit dem Stabmixer pürieren.

SCHRITT4: Petersilie fein hacken und die Garnelen in etwas Öl in einer Pfanne auf beiden Seiten anbraten. Den Kohlrabi mit der Sauce füllen, mit den Garnelen und der Petersilie garnieren und zu den Maischollen servieren.

Lamm auf Wurzelgemüse mit Frühlingszwiebeln

Schritt 1: Lammrücken mit Knoblauch, Salz und Pfeffer einreiben und in einer Pfanne mit Rosmarin rundum anbraten. Im Rohr bei 200 °C ca. 15 Minuten braten. Bratensatz mit Tomatenmark verrühren und mit Rotwein und Suppe aufgießen. Fleisch mit Alufolie abdecken und ca. 25 Minuten im Backrohr bei 120 °C ziehen lassen.

Schritt 2: Gewaschenes Gemüse klein schneiden und in Olivenöl anbraten. Mit Salz, Pfeffer und Thymian würzen. Gemüse zum Lammrücken geben. Tranchiertes Fleisch mit Gemüse servieren.

400 g	Lammrücken am Knochen
1	Knoblauchzehe
1 Zweig	Rosmarin
2 EL	Olivenöl
1 TL	Tomatenmark
1/8 l	Rotwein
1/8 l	Gemüsebrühe
2	Petersilienwurzeln
2 Stk.	Porree
1 Bd.	Frühlingszwiebeln
1 EL	Thymian
	Salz
	Pfeffer

Gefüllte Zucchini mit Rinderfaschiertem in Tomatensauce

SCHRITT 1: Zucchini waschen und der Länge nach halbieren. Das Fruchtfleisch bei beiden Hälften mit einem Löffel aushöhlen, salzen und pfeffern. Die Zwiebel fein schneiden und mit dem Faschierten, dem gepressten Knoblauch, dem Fruchtfleisch und der feinwürfelig geschnittenen Paprikaschote in Olivenöl anbraten. Mit Weißwein ablöschen und mit Salz, Pfeffer, gehacktem Oregano, Basilikum und dem Tomatenmark würzen, zum Schluss die Eier unterrühren.

SCHRITT 2: Die Zucchinihälften mit der Masse füllen, in eine befettete Auflaufform geben und bei 200 °C im vorgeheizten Rohr ca. 25 Minuten garen. 5 Minuten vor Ende der Garzeit den würfelig geschnittenen Schafskäse auf die Zucchinihälften verteilen.

SCHRITT 3: Für die Sauce die Tomaten waschen, in kleine Würfel schneiden und mit der fein gehackten Zwiebel in Olivenöl anschwitzen. Passierte Tomaten einrühren und mit Salz und Pfeffer würzen. Zucchini mit der Sauce und einem Basilikumblatt anrichten.

2	mittelgroße Zucchini
1	Zwiebel
200 g	Rinderfaschiertes
1 EL	Olivenöl
1	rote Paprikaschote
1	Knoblauchzehe
1/16 l	Weißwein
1 EL	Tomatenmark
	Salz
	Pfeffer
	Oregano
	Basilikum
2	Eier
50 g	Schafskäse

Sauce

100 g	reife Tomaten
1	Zwiebel
1 EL	Olivenöl
1/4 l	passierte Tomaten
	Salz
	Pfeffer

Info

Sie können auch gerne die Menüs individuell zusammenstellen, das heißt, das Mittagessen mit dem Abendessen tauschen.

Schokoladenpudding mit Veilchenblüten

SCHRITT 1: Aus Magermilch oder Sojamilch laut Packungsanweisung einen Pudding kochen. Leicht abkühlen lassen. Die Schokolade in einem kleinen Gefäß über einem Wasserbad schmelzen und in den Pudding rühren. Mit Zimt, einem Schuss Rum und etwas Agavensirup verfeinern.
SCHRITT 2: In Dessertgläser füllen, kühl stellen und mit Veilchenblüten servieren.

250 g	Magermilch (oder Sojamilch)
1 Pkg.	Schokopudding
1 EL	Rum
½ TL	Zimt
20 g	Schokolade (mit mindestens 70 % Kakaoanteil)
	Agavensirup

Vanillepudding mit Walderdbeeren

(ohne Stärke)

SCHRITT 1: Gelatine einzeln in kaltem Wasser für ca. 5 Minuten einweichen, ausdrücken, das Vanillemark zufügen und in die erwärmte mit Agavensirup gesüßte Milch einrühren. So lange weiterrühren, bis sich die Gelatine ganz aufgelöst hat. Die Milch darf dabei aber nicht mehr kochen. In Dessertgläser füllen und am besten mehrere Stunden in den Kühlschrank stellen. Vor dem Servieren mit Walderdbeeren garnieren.

3	große Eidotter
	Mark einer Vanilleschote
¼ l	Magermilch oder Sojamilch
5 Blatt	Gelatine
1 EL	Agavensirup
100 g	Waldbeeren

Nach einer **eiweißreichen Mahlzeit** geeignet:

Mohr mit Schokoladensauce

35 g	Schokolade (mit mindestens 70 % Kakaoanteil)
35 g	Vollzucker
3	Eier
20 g	geriebene Walnüsse
20 g	geriebene Mandeln
1 Prise	Salz
50 g	gemischte Waldbeeren
20 g	gehobelte Mandeln

Schokoladensauce

100 g	Schokolade (mit mindestens 70 % Kakaoanteil)
1 Stamperl	brauner Rum

SCHRITT 1: Schokolade über Wasserbad schmelzen, Eier in Dotter und Eiklar trennen. Vollzucker, Eidotter und Schokolade vorsichtig cremig rühren. Eiklar mit einer Prise Salz steif schlagen und einen Löffel Schnee in den Abtrieb rühren. Walnüsse und Mandeln unterheben und den restlichen Schnee vorsichtig unterziehen.

SCHRITT 2: 2 Förmchen leicht befetten. Die Masse bis auf 2/3 der Höhe einfüllen. Förmchen in die Wanne stellen und die Wanne zu 2/3 mit Wasser füllen. Wasser erhitzen und ca. 30 Minuten bei 190 °C ins Backrohr stellen. Kurz vor Ende der Backzeit mit der Nadelprobe prüfen, ob die Mohren fertig gebacken sind.

SCHRITT 3: Für die Sauce über Wasserdampf die Schokolade schmelzen, Rum und etwas Wasser zufügen und die aus den Förmchen gestürzten Mohren damit überziehen.

WICHTIG: Lassen Sie die Mohren ein wenig rasten lassen, bevor Sie sie aus der Form stürzen.

Tipp *Stechen Sie mit einer Stricknadel in die Masse: Wenn kein Teig mehr kleben bleibt, sind die Mohren fertig.*

Pfirsichkaltschale

SCHRITT 1: 4 Pfirsiche halbieren, entkernen und in kochendem Wasser blanchieren. Mit kaltem Wasser abschrecken und auskühlen lassen.

SCHRITT 2: Blanchierte Pfirsiche, Weißwein, Agavensirup und Eiswürfel mit einem Mixer mixen und mit Minzeblättern und mit Pfirsichscheiben garnieren.

4	große Pfirsiche
1 EL	Agavensirup
100 ml	trockener Weißwein
einige	Minzeblätter
6	Eiswürfel
1	in Scheiben geschnittener Pfirsich

Kirschenauflauf (4 Portionen)

SCHRITT 1: Die gewaschenen, entstielten und wenn möglich entkernten Kirschen in eine befettete Auflaufform legen.

SCHRITT 2: Wasser in einem großen Topf erhitzen. Eidotter, Agavensirup und Inländer Rum oder Wasser in eine Metallschüssel geben und mit einem Schneebesen kräftig über dem Wasserbad schlagen, bis eine sämige Masse entsteht.

SCHRITT 3: Crème fraîche und die gemahlenen Mandeln unterheben. Den Backofengrill einschalten, die Eiercreme über die Früchte geben, mit den Mandeln bestreuen und stocken lassen.

600 g	Kirschen
3	Eidotter
2 EL	Agavensirup
150 g	Crème fraîche (oder Sojacreme)
25 g	geriebene Mandeln
2 EL	gehobelte Mandeln
40 ml	Inländer Rum oder Wasser

Das Sommermenü in Phase I

Saisonale Empfehlung:
Machen Sie sich die Kraft der heimischen Beeren, wie Brombeeren, Heidelbeeren, Himbeeren, schwarze Johannisbeeren, Ribiseln und Stachelbeeren, zunutze.

Tomaten mit Mozzarella und Basilikum

SCHRITT 1: Tomaten und Mozzarella in Scheiben schneiden, auf 2 Tellern anrichten und mit fein geschnittener Schalotte und den Basilikumblättern garnieren. Mit Salz, Pfeffer Olivenöl und Kräuterpesto marinieren.

4	Tomaten
1	Schalotte
100 g	Mozzarella
einige	Basilikumblätter
1 EL	Olivenöl
1 EL	Kräuterpesto
	Pfeffer
	Salz

Bunter Rindfleischsalat mit Kürbiskernöl

SCHRITT 1: Die gekochten Fisolen in eine Schüssel geben. Das Rindfleisch, die Zwiebel und die beiden Paprikaschoten in Streifen schneiden, die Tomaten vierteln und den Schnittlauch in kleine Röllchen schneiden und hinzufügen. Salzen und mit bunten Pfefferkörnern würzen. Mit Essig und Kürbiskernöl übergießen und einige Stunden im Kühlschrank ziehen lassen.

150 g	gekochtes Rindfleisch oder Rostbeef
150 g	gekochte Fisolen
1	Zwiebel
1	gelbe Paprikaschote
1	grüne Paprikaschote
2	Tomaten
1 Bd.	Schnittlauch
2 EL	Kürbiskernöl
	Essig
	Salz
	bunte Pfefferkörner

Gefüllter Paprika mit Löffelkäse

Schritt 1: Paprikaschoten der Länge nach halbieren und das Kerngehäuse entfernen. Zwiebel, Oliven und Kräuter klein schneiden und mit dem Frischkäse mischen. Paprikahälften damit füllen, in eine mit Olivenöl befettete Auflaufform geben und im vorgeheizten Rohr bei 200 °C ca. 30 Minuten garen.

Schritt 2: Auf frisch marinierten Blattsalat setzen, salzen, pfeffern und servieren.

2	Paprikaschoten
300 g	Frischkäse z. B. Cottage Cheese (Löffelkäse) mit 10 % F.i.T.
	frisch gehackte Kräuter
1	Frühlingszwiebel
6	entkernte grüne Oliven
	Salz
	Pfeffer
etwas	Olivenöl
	Blattsalat

Kohlrabicremesuppe

Schritt 1: Kohlrabi und Zwiebel schälen, kleinwürfelig schneiden und in Olivenöl hell anschwitzen. Mit Gemüsebrühe aufgießen und bei schwacher Hitze weich kochen. Topf vom Herd nehmen, fein pürieren, pfeffern und salzen.

Schritt 2: Mit Apfelessig würzen und mit Sauerrahm oder Sojacreme nochmals leicht verrühren. Zuletzt mit frischer Kresse garnieren und servieren.

½ kg	Kohlrabi
1	Zwiebel
1 EL	Olivenöl
	Biogemüsebrühe
1 EL	Sauerrahm oder Sojacreme
	Salz
	Pfeffer
2 EL	Kresse
1 EL	Apfelessig

Saibling mit Käse überbacken auf Mangoldgemüse

SCHRITT 1: Knoblauch, Zwiebel schälen und klein hacken. Knoblauch, Zwiebel und gewürfelte Tomaten in heißem Olivenöl einige Minuten dünsten und mit Salz und Pfeffer würzen.
SCHRITT 2: Mangoldgemüse waschen, klein schneiden, blanchieren und danach abseihen. Die Schalotte klein schneiden und in etwas Olivenöl anrösten. Mangold dazugeben und mit Salz, Pfeffer und Muskatnuss würzen.
SCHRITT 3: Saiblinge waschen, trocken tupfen und leicht salzen. In eine ofenfeste Form legen und mit der Tomatensauce übergießen. Mit einer Alufolie abdecken und im vorgeheizten Backrohr bei 200 °C 30 Minuten garen. Eventuell noch Wasser zufügen.
SCHRITT 4: 10 Minuten vor Ende der Garzeit auf jeden Saibling 2 Käsescheiben legen und vor dem Servieren mit gehackter Petersilie und gehacktem Basilikum auf Mangoldgemüse servieren.

2	frische Saiblinge
4 Scheiben	Käse (à 5 mm dick)
4	würfelig geschnittene Tomaten (oder 1 kleine Dose Tomaten)
1 EL	Olivenöl
1	Knoblauchzehe
1	Zwiebel
	frisches Basilikum
	frische Petersilie
	Salz
	Pfeffer
300 g	Mangoldgemüse
1	Schalotte
1 EL	Olivenöl
	Salz
	Pfeffer
etwas	Muskatnuss

Backhendelsalat mit Kürbiskernöl

Schritt 1: Hühnerbrüste in Streifen schneiden, salzen und pfeffern. Das Ei verquirlen und die Hühnerstreifen durchziehen. Walnüsse und Parmesan vermengen, die Filetstreifen darin wälzen und mit wenig Rapsöl in einer Pfanne herausbraten.

Schritt 2: Blattsalate marinieren und die Hühnerstreifen obenauf setzen.

2	Hühnerbrüste
3 EL	geriebener Parmesan
3 EL	geriebene Walnüsse
1	Ei
	Rapsöl
	Salz
	Pfeffer (aus der Mühle)
	gemischte Blattsalate
	Apfelessig
	Kürbiskernöl
	Salz
	frisch gemahlener Pfeffer

Pilzrisotto

Schritt 1: Zitronensaft in einem großen Topf erhitzen und den in kleine Scheiben geschnittenen Lauch glasig dünsten. Die Pilze in Scheiben schneiden und ebenfalls hinzufügen. Anschließend den Reis untermischen und mitdünsten, bis die Körner glasig werden.
Schritt 2: Den gepressten Knoblauch und die Hälfte der Gemüsebrühe in den Reis gießen und bei mittlerer Hitze kochen lassen. Nach und nach die restliche Gemüsebrühe zufügen und unter mehrfachem Umrühren köcheln lassen, bis der Reis gar ist. Auf Tellern anrichten und mit fein geschnittener Petersilie bestreuen. Dazu Blattsalat servieren.

1	kleine Kaffeetasse Naturreis
2	kleine Kaffeetassen Gemüsebrühe
½	Zitrone (Saft)
½ Stange	Lauch
200 g	gemischte Pilze
1 Bd.	frische Petersilie
2	Knoblauchzehen

Tipp *Pilzrisotto schmeckt auch kalt hervorragend.*

Stachelbeeren, Heidelbeeren und Himbeeren „natur“

Alle Beeren gut waschen, abtropfen lassen und ansprechend in Dessertschälchen servieren.

je 100 g	Stachelbeeren, Heidelbeeren und Himbeeren

Info Genießen Sie so oft wie möglich Beeren aus unseren Wäldern, denn diese zeichnen sich durch ihren hohen Anteil an Vitaminen und Mineralstoffen aus. So wirken z. B. Heidelbeeren durch ihren hohen Anteil an Pflanzenstoffen antioxidativ, das heißt, sie sind in der Lage schädliche freie Radikale in unserem Körper zu neutralisieren. Durch ihre Anthocycane verbessern sie auch das Sehvermögen.

Sommerlicher Fruchtsalat

Schritt 1: Die Feigen in Streifen schneiden und zusammen mit den gewaschenen Himbeeren und Heidelbeeren in Dessertschalen anrichten. Bei Bedarf mit Agavensirup und Zitronensaft süßen.

200 g	Heidelbeeren
4	frische Feigen
100 g	Himbeeren
1	Zitrone (Saft)
	evtl. Agavensirup

Kleine Käseplatte

Verschiedene Käsesorten dekorativ anrichten und z. B. mit Radieschen, Tomaten oder Gurkenscheiben garnieren. Auch in Scheiben geschnittener Kohlrabi passt vorzüglich.

Käse
Radieschen
Tomaten

Info *Käse ist in Phase I nach einer Eiweiß-Fett-Mahlzeit erlaubt, aber natürlich ohne Brot.*

Hartes Ei mit Jogurtdressing auf Blattsalat

SCHRITT 1: Joghurt abtropfen lassen. Die Zwiebel schälen und in feine Ringe schneiden, Stangensellerie klein schneiden und den gewaschenen Salat mit Zwiebelringen, Stangensellerie und den Eihälften auf 2 Tellern anrichten. Mit dem Joghurtdressing übergießen und mit Schnittlauchröllchen garnieren.

60 g	Blattsalate
100 g	Stangensellerie
	Salz
	Pfeffer
1	rote Zwiebel
2	harte Eier (abgeschält und halbiert)

Joghurtdressing

3 EL	Mager- oder Sojajoghurt
etwas	Distelöl
einige	Tropfen Weinessig
	Schnittlauchröllchen
	Salz
	Pfeffer

Frischer Blattsalat auf gebratenen Eierschwammerln mit Petersilie

SCHRITT 1: Zwiebel fein hacken und in etwas Olivenöl anrösten. Eierschwammerln waschen, etwas zerkleinern, zu den Zwiebeln dazugeben und so lange garen, bis die Schwammerln kein Wasser mehr lassen.
SCHRITT 2: Saisonalen Blattsalat mit Balsamico und Walnussöl marinieren, auf 2 Tellern anrichten und mit Eierschwammerln, bunten Pfefferkörnern und gehackter Petersilie garnieren.

250 g	Eierschwammerln
80 g	Blattsalat
1	Zwiebel
1 EL	Olivenöl
	Pfeffer (aus der Mühle)
	Balsamicoessig
	Walnussöl
½ Bd.	gehackte Petersilie

Spinatcremesuppe

Schritt 1: Sellerieknolle schälen, würfeln und mit dem gewaschenen und geschnittenen Blattspinat vermengen. Gemeinsam mit der klein gehackten Zwiebel und dem Knoblauch in der Gemüsebrühe weich kochen. Danach pürieren, Sojacreme dazugeben, würzen und mit frischer Petersilie servieren.

400 g	Blattspinat
1	Sellerieknolle
1	Zwiebel
2	Knoblauchzehen
½ l	Gemüsebrühe
	Salz
	Pfeffer
	Muskatnuss
1–2 EL	Sojacreme

Zucchinipfanne

Schritt 1: Zucchini waschen und in kleine Stücke schneiden. Paprikaschoten waschen, entkernen und in Würfel schneiden. Zwiebel und Tomaten ebenfalls klein schneiden und die Knoblauchzehe zerdrücken. Alle Gemüsezutaten in einer Pfanne mit Olivenöl dünsten. Salzen und pfeffern.

Schritt 2: Die Eier verquirlen und Kräuter zufügen. Mit Salz und Pfeffer würzen, zum Gemüse geben und gut umrühren. In eine Auflaufform füllen und im vorgeheizten Backofen bei 200 °C 30 Minuten im Wasserbad garen. Mit grünem Salat servieren.

1	Zucchini
2	Eier
je ½	rote und gelbe Paprikaschote
2	Tomaten
1	Zwiebel
1–2 EL	Olivenöl
1	Knoblauchzehe
1 EL	gemischte frische Kräuter
	Salz
	Pfeffer

Gegrilltes Kalbsrückensteak mit Koriander und Kohlrabiragout

SCHRITT 1: Kohlrabi schälen, in Scheiben schneiden und vierteln. Mit Olivenöl andünsten und mit der Gemüsebrühe aufgießen. Anschließend mit Salz, Pfeffer und Muskatnuss etwa 20 Minuten gar dünsten. Cherrytomaten halbieren, Petersilie fein hacken und ganz zum Schluss dazugeben.

SCHRITT 2: Kalbsrückensteak mit Koriander würzen und am Rost grillen, dann salzen, mit roten Pfefferkörnern bestreuen und mit dem Kohlrabigemüse servieren.

2	Kalbsrückensteaks
2 Stk.	Kohlrabi
4	Cherrytomaten
1 EL	Olivenöl
ca. ⅛ l	Biogemüsebrühe
	Salz
	roter Pfeffer
1 Prise	Muskatnuss
1 Bd.	Petersilie

Scholle paniert mit Parmesan und Tomatensalat

SCHRITT 1: Geriebenen Parmesan und Pfeffer auf einem Teller vermischen und die Filets darin wenden. (Salzen ist nicht notwendig, da Parmesan genug Salz enthält.) Die Schollenfilets bei mittlerer Hitze in Olivenöl auf jeder Seite 3–4 Minuten braten und mit Zitronenscheiben, fein gehackter Petersilie und Tomatensalat servieren.

- 2 Schollenfilets oder andere Fischfilets
- Olivenöl
- geriebener Parmesan
- 1 Zitrone
- Pfeffer
- frische Petersilie

Marillenkompott

SCHRITT 1: Marillen entkernen, halbieren und mit Zitronensaft beträufeln. Mit der Zimtrinde in wenig Wasser weich kochen, vor dem Erkalten 1 EL Agar Agar beifügen, kräftig umrühren und in Gläsern servieren.

400 g	reife Marillen
1	Zimtrinde
1 EL	Zitronensaft
1 EL	Agar Agar
	Agavensirup (bei Bedarf)
	Wasser

Info *Agar Agar ist ein pflanzliches Verdickungsmittel und wird aus Meeresalgen (hauptsächlich Rotalge) gewonnen.*

Beerenkompott

SCHRITT 1: Alle Früchte gut waschen und die Stachelbeeren halbieren. Mit wenig Wasser und etwas Agavensirup in einem Topf zum Kochen bringen. Abgedeckt bei geringer Hitze ca. 10 Minuten köcheln lassen.
SCHRITT 2: Vor dem Erkalten Agar Agar beifügen, kräftig umrühren und in Schalen servieren.

100 g	Stachelbeeren
100 g	schwarze Johannisbeeren
100 g	Heidelbeeren
etwas	Agavensirup
1 EL	Agar Agar

Das Sommermenü in Phase II

Kichererbsensalat mit Oliven

SCHRITT 1: Kichererbsen aus der Dose gut abspülen und abtropfen lassen. Die Gurke längs vierteln und in 1 cm dicke Scheiben schneiden. Tomaten in kichererbsengroße Stücke schneiden und die Zwiebel fein hacken.
SCHRITT 2: Alles in eine Schüssel geben und mit Oliven, Petersilie, Knoblauch, Olivenöl und Zitronensaft vermengen. Auf Salatblättern servieren.

100 g	Kichererbsen (aus der Dose)
2	Tomaten
¼	Salatgurke
1	kleine rote Zwiebel
1 Bd.	frische, fein gehackte Petersilie
ein paar	grüne Oliven (entsteint)
½ EL	Zitronensaft
etwas	Olivenöl
1	zerdrückte Knoblauchzehe
einige	Salatblätter

Sojasprossensalat mit Quinoa

SCHRITT 1: Quinoa in ein Sieb geben und mit kaltem Wasser abspülen. Danach mit der doppelten Menge Wasser in einem Topf zum Kochen bringen. Salzen, Wärme reduzieren und noch 10 Minuten quellen lassen.
SCHRITT 2: Die gewaschenen Sojasprossen kurz blanchieren. Zwiebel fein schneiden, Karotten fein raspeln und Petersilie fein schneiden. Alles mit Rucola abmischen und mit Olivenöl, Zitronensaft, Salz und frischem Pfeffer marinieren.

1	kleine Tasse Quinoa
1 Bd.	Petersilie
60 g	Rucola
100 g	Sojasprossen
	Olivenöl
1	Zitrone (Saft)
1	Zwiebel
2	Karotten

Bunte Gemüsesuppe

SCHRITT 1: Die Zwiebel fein hacken und in einem Topf mit 1 EL Rapsöl glasig dünsten. Das Suppengrün waschen und klein schneiden. Kurz mitrösten, dann mit Wasser und dem Biosuppenwürfel aufgießen. Das klein geschnittene Gemüse und die zerdrückte Knoblauchzehe beifügen und bei leichter Hitze fertig kochen. (Das Gemüse sollte noch bissfest sein.) Mit klein geschnittenem Maggikraut in Suppentellern anrichten.

ca. 400 g	Sommergemüse nach Wahl
1 Bd.	Suppengrün
etwas	frisches Maggikraut
1	kleine Zwiebel
1 EL	Rapsöl
½	Biosuppenwürfel
2	Knoblauchzehen
	Pfeffer
	Wasser

Tipp *Wenn Sie die Suppe als Hauptmahlzeit essen, dann vervollständigen Sie diese mit Suppennudeln, denn diese haben nur einen GI von 35.*

Spaghetti mit Rucola und Cherrytomaten

SCHRITT 1: Spaghetti in reichlich leicht gesalzenem Wasser sehr al dente kochen, dann abseihen. Gewaschenen Rucola oder Löwenzahnblätter unter die Nudeln mischen und mit Salz, Pfeffer und Olivenöl würzen. Zuletzt die geviertelten Cherrytomaten und einige Löwenzahnblüten untermengen.

200 g	Vollkornspaghetti (roh)
	Wasser
	Salz
50 g	Rucola oder kleine junge Löwenzahnblätter
etwas	Olivenöl
	Pfeffer (aus der Mühle)
	Salz
100 g	halbierte Cherrytomaten
1 Hand	voll Löwenzahnblüten

Mangoldnockerln auf Tomatenragout

SCHRITT 1: Mangold waschen, trocken tupfen und klein hacken. Mit Ei, Salz und gepresstem Knoblauch verrühren und so viel Vollkornmehl unterrühren, bis der Teig eine feste Konsistenz hat. Nockerln formen, in Salzwasser ca. 7 Minuten kochen lassen und mit Parmesan bestreuen.

SCHRITT 2: Tomaten enthäuten und das Fruchtfleisch klein würfeln. Knoblauch fein hacken, die Tomatenstücke zugeben und 5 Minuten leicht köcheln lassen. Gehackte Basilikumblätter hinzufügen. Mit Salz, Pfeffer und bei Bedarf mit etwas Zitronensaft abschmecken. Das Ragout mit den Mangoldnockerln servieren und mit den restlichen Basilikumblättern garnieren.

125 g	Mangold
1	Ei
1 TL	Salz
1	Knoblauchzehe
ca. 190 g	Vollkornmehl
	Parmesan zum Bestreuen

Tomatenragout

4	Tomaten
2	Knoblauchzehen
	Basilikumblätter
	Salz
	Pfeffer
etwas	Zitronensaft

Waller mit Zitronenscheiben auf gegrillten Melanzani in Trüffelöl

SCHRITT 1: Die Fischfilets waschen und abtrocknen. Mit Salz und Pfeffer würzen und in Olivenöl braten. Die Zitrone in Scheiben schneiden und gleichfalls kurz anbraten. Die Melanzani in Scheiben schneiden, mit Trüffelöl beträufeln und im Backrohr grillen. Salzen, pfeffern und sofort mit dem Fisch servieren. Als Beilage schmeckt gut Erbsenpüree.

2	Wallerfilets (oder Seeteufel, Lachs, Zander)
	Salz
	Pfeffer (aus der Mühle)
1	Zitrone
1	Melanzani
2 EL	Olivenöl
1 EL	Trüffelöl

ERBSENPÜREE

SCHRITT 2: Die gekochten Erbsen im Stabmixer mit Gemüsebrühe und Olivenöl fein pürieren. Zuletzt mit Salz und Pfeffer abschmecken.

250 g	grüne Erbsen
¼ l	Biogemüsebrühe
1 EL	Olivenöl
	Salz
	Pfeffer
	Wasser

Filetsteak in Cognacsauce auf gedünsteten Zucchini

SCHRITT 1: Steaks in Olivenöl beidseitig braten (4–5 Minuten für medium). Die Steaks würzen, aus der Pfanne nehmen und warm stellen. Den Bratenrückstand mit Cognac ablöschen, zerkleinerte Knoblauchzehen und Rosmarin dazugeben.

SCHRITT 2: Die Zwiebel in Ringe schneiden und mit wenig Olivenöl anrösten. Gepressten Knoblauch dazugeben, Zucchini in Scheiben schneiden und kurz anbraten. Salzen, pfeffern und mit fein gehackten Basilikumblättern vermengen.

SCHRITT 3: Steaks auf das gedünstete Gemüse setzen und mit der Sauce übergießen

2	Filetsteaks vom Rind (je 150 g)
	scharfer Senf
2	Knoblauchzehen
7 cl	Cognac
	Salz
	schwarzer Pfeffer
etwas	Olivenöl
	frischer Rosmarin
2	kleine Zucchini
1	Zwiebel
1	Knoblauchzehe
	frische Basilikumblätter

Info

Sie können zum Filetsteak in Phase II zusätzlich zu Gemüse auch Vollkornnudeln (al dente) servieren. Auch eine Folienkartoffel ist unter Berücksichtigung des GR möglich. Wollen Sie allerdings eine kohlenhydratreiche Mehlspeise essen, dann sind Nudeln oder Kartoffeln nicht empfehlenswert.

Walderdbeerentopfencreme

SCHRITT 1: Walderdbeeren im Stabmixer pürieren. Topfen, Agavensirup und Joghurt dazugeben und mit dem Mixer einrühren. Danach die Gelatine in Rum erwärmen und leicht unter die Beerenmasse rühren. In Dessertschalen füllen und kalt stellen.

SCHRITT 2: Mit einigen frischen Walderdbeeren garnieren.

125 g	Topfen
125 g	Joghurt
150 g	Walderdbeeren
5 Blatt	Gelatine
1–2 EL	Agavensirup
1 EL	Rum

Info *Wenn Sie eine Eiweißmahlzeit gewählt haben, dann können Sie noch einen Kuchen essen.*

Palatschinken mit Marillenmarmelade

SCHRITT 1: Mehl, Salz, Eier, Milch und Mineralwasser mit dem Mixer zu einem glatten dünnflüssigen Teig rühren. In Pfanne sehr wenig Fett geben, heiß werden lassen und so viel Teig hineingießen, dass der Teig den Boden dünn bedeckt. Goldgelb herausbacken und einmal wenden. Mit Marillenmarmelade füllen und mit Rosenblättern garnieren.

125 g	Vollkornmehl
⅛ l	Magermilch oder Sojamilch
ca. ⅛ l	prickelndes Mineralwasser
2	Eier
1 Prise	Salz
	Fett zum Herausbacken
6	Rosenblätter
	Marillenmarmelade (mit 70 % Fruchtanteil)

Tipp *Sie können die Palatschinken auch ganz ohne Milch und nur mit prickelndem Mineralwasser zubereiten.*

Erdbeertorte

SCHRITT 1: Dotter und Ei, Vollzucker und Rum fein schlagen. Die Mandeln mit Backpulver vorsichtig unter den steif geschlagenen Schnee heben und eine Prise Salz hinzufügen.
SCHRITT 2: In eine befettete Springform füllen und die Masse im vorgeheizten Backrohr bei 180 °C backen. Kurz vor Ende der Backzeit Hitze reduzieren. Erkalten lassen und erst dann füllen.

3	Eidotter
3	Eiklar
1	ganzes Ei
1 Prise	Salz
50 g	Vollzucker
50 g	geriebene Mandeln
1 Msp.	Backpulver
1 EL	Rum

FÜLLE

SCHRITT 3: Agavensirup, Topfen, Erdbeeren, Naturjoghurt oder Sojajoghurt im Stabmixer pürieren. Die Gelatine in ganz wenig Wasser erhitzen, glatt rühren und unter die Creme rühren. In die Springform auf das erkaltete Biskuit gießen und kaltstellen.

100 g	Agavensirup
250 g	Magertopfen
400 g	Erdbeeren
8 Blatt	Gelatine
150 g	Naturjoghurt oder Sojajoghurt

Mohnkuchen mit Marillen

5	ganze Eier
120 g	Agavensirup
	Salz
200 g	gemahlener Mohn
2 Msp.	Backpulver
1 EL	Inländer Rum
1 kg	frische Marillen

Schritt 1: Eier trennen, Dotter mit Agavensirup und Rum schaumig rühren. Eiklar mit einer Prise Salz zu steifem Schnee schlagen. Mohn in die Dottermasse einrühren, dann steif geschlagenen Schnee vorsichtig einmischen und die Masse auf eine mit Backpapier ausgelegte Springform streichen.

Schritt 2: Marillen in Spalten schneiden und auf der Mohnmasse verteilen. Den Kuchen ins vorgeheizte Backrohr schieben und erst bei 180 °C backen, dann Hitze reduzieren und fertig backen.

Omas Bröselkuchen (Ausnahme)

SCHRITT 1: Agavensirup und Eidotter gut mixen. Danach Vollkornbrösel untermengen und zuletzt Eiklar mit einer Prise Salz steif schlagen und unter die Eimasse rühren. In eine mit Backpapier ausgelegte Form streichen.

SCHRITT 2: Beeren in Weißwein erhitzen und den Kuchen damit garnieren.

3 EL	Agavensirup
3	Eidotter
3 EL	Vollkornbrösel
3	Eiklar
1 Prise	Salz
¼ l	trockener Weißwein
	Beeren

Tipp

Zitat von meiner Oma: „Backe es sehr schön gelb auf mittlerer Stufe, gib den Kuchen aus dem Rohr und aus der Form und nimm einen 1/4 Liter Weißwein und übergieße den Kuchen damit."

Zucchiniröllchen mit Basilikum und Parmesan

1	Zucchini
etwas	Olivenöl
1	zerdrückte Knoblauchzehe
2 EL	Kräuterpesto
40 g	geriebener Parmesan
	Pfeffer
	Basilikumblätter zum Garnieren

SCHRITT 1: In eine gut beschichtete Teflonpfanne etwas Olivenöl und den zerdrückten Knoblauch geben. Die Zucchini in längliche dünne Scheiben schneiden und von beiden Seiten leicht anbraten.

SCHRITT 2: Herausnehmen und auf einer Seite mit Kräuterpesto bestreichen. Mit Parmesan und Basilikum bestreuen und mit Pfeffer würzen. Die Scheiben aufrollen und mit einem Zahnstocher fixieren.

ALTERNATIV: Anstelle von Parmesan eignet sich auch gut geriebener Bierkäse.

Variationen von Sommersalaten mit Kürbiskernöl und Weinessig

SCHRITT 1: Salat waschen und mit den fein gehackten Zwiebeln vermischen. Mit Kürbiskernöl und Apfelessig marinieren. Auf Tellern verteilen, mit Kürbiskernen garnieren und servieren.

80 g	gemischter Blattsalat
½	Zwiebel
	Kürbiskernöl
	Apfelessig
	Salz
	Pfeffer (aus der Mühle)
1 EL	Kürbiskerne

Tomatencremesuppe mit frischer Petersilie

SCHRITT 1: Die Tomaten in Stücke schneiden und mit Wasser etwa 10 Minuten leicht durchkochen lassen, dann durch ein Sieb streichen.

SCHRITT 2: Olivenöl in eine Kasserolle geben, die klein geschnittene Zwiebel darin rösten und mit der Tomatenbrühe auffüllen. Suppe mit Salz, Pfeffer, Crème Fraîche und Sherry abschmecken und mit der zerdrückten Knoblauchzehe und etwas Paprikapulver würzen. In Schalen füllen und mit Petersilie bestreuen.

400 g	ausgereifte Tomaten
1 EL	Olivenöl
	Salz
1 EL	gehackte Petersilie
1	Zwiebel
evtl. 1 EL	Crème Fraîche
	Pfeffer
1	Knoblauchzehe
etwas	Paprikapulver
1 EL	Sherry
	Wasser

Thunfischsalat mit Vollkornreis

Schritt 1: Den Naturreis 35–40 Minuten in der doppelten Menge Salzwasser kochen und auskühlen lassen.
Schritt 2: Salatgurke schälen und klein schneiden. Tomaten und Paprikaschoten sehr klein schneiden und mit gehackten Zwiebeln, klein geschnittenen Oliven und zerpflücktem abgetropften Thunfisch vermengen.
Schritt 3: Salatsauce mit Schnittlauchröllchen anrühren und über die Reismischung gießen und umrühren.

1	kleine Tasse Naturreis
½	Salatgurke
1	grüne Paprikaschote
1	rote Paprikaschote
4	feste Tomaten
50 g	grüne Oliven
2	frische Zwiebeln
1	Knoblauchzehe
1 Dose	Thunfisch im eigenem Saft
	Schnittlauchröllchen

Salatsauce

2 EL	Olivenöl
1 EL	Zitronensaft
	Salz
	Pfeffer

Flusskrebse in Tomaten mit Petersilie

Schritt 1: Flusskrebse abspülen und trocken tupfen.
Schritt 2: Zwiebelstücke in Olivenöl dünsten, gehackte Tomaten, zerkleinerte Oliven, Weißwein, die Hälfte der gehackten Petersilie, Oregano, Salz und Pfeffer hineingeben. Das Ganze kochen lassen, bis die Flüssigkeit verdampft ist.
Schritt 3: Die Flusskrebse mit dem restlichen Olivenöl in einer Pfanne goldbraun anbraten und zur Tomatenmischung geben, mit Fetawürfeln bestreuen und noch 5 Minuten kochen lassen. Mit der restlichen gehackten Petersilie und Blattsalat servieren.

200 g	ausgelöste Flusskrebse
500 g	gehackte Tomaten
10	grüne entsteinte Oliven
50 g	Feta
1	gehackte Zwiebel
1	großer Strauß Petersilie
etwas	Weißwein
2 EL	Olivenöl
1 TL	Oregano
	Salz
	Pfeffer

Lollo-rosso-Blattsalat auf Lammfilets mit Himbeeren

SCHRITT 1: Lollo-rosso-Salat waschen, zerkleinern und mit den Himbeeren vermengen.

SCHRITT 2: Die Lammrückenfilets salzen, pfeffern und in einer Pfanne mit etwas Rapsöl beidseitig schön anbraten und warm stellen.

SCHRITT 3: Das Magerjoghurt salzen, pfeffern und mit dem klein gehackten Rosmarin und 1 EL Olivenöl abmischen.

SCHRITT 4: Die Steaks mit einer Portion Salat auf Tellern anrichten. Den Salat mit dem Dressing übergießen.

½ Kopf	Lollo-rosso-Blattsalat
200 g	Himbeeren
300 g	Lammrückenfilets
	Salz
	Pfeffer
2 EL	Rapsöl
125 g	Magerjoghurt
1 EL	Olivenöl
	frisches Rosmarin

Tipp

Als Beilage passen gut gebratene Birnen: 4 Birnen schälen, vierteln und das Kerngehäuse ausschneiden. In eine Pfanne etwas Rapsöl geben und die Birnenvierteln von allen Seiten anbraten und bissfest garen. Leicht salzen. Sollten Sie eine Sättigungsbeilage wünschen, eignet sich am besten Kichererbsenpüree *(siehe Seite 153)**.*

Rucola-Salat auf gefüllter, gebratener Hühnerbrust mit Schmortomate

2	Hühnerbrüste
2	kleine Streifen Schafskäse
1 Zweig	Rosmarin
1	gelbe Paprikaschote
100 g	Rucola
1 Bd.	Radieschen
½ Bd.	Frühlingszwiebeln
	Salz
	Pfeffer
	Olivenöl
	Balsamicoessig
einige	Tomaten

SCHRITT 1: Paprikaschote in Streifen schneiden. Frühlingszwiebeln in dünne Ringe schneiden, Radieschen vierteln und mit Rucola, Salz, Pfeffer, Olivenöl und Balsamico auf 2 Tellern anrichten.
SCHRITT 2: Die Hühnerbrüste seitlich aufschneiden und mit je einem Stück Schafskäse füllen. Mit Zahnstochern fixieren, salzen, pfeffern und mit fein gehacktem Rosmarin bestreuen. In eine Folie wickeln und im Backrohr bei mittlerer Hitze ca. 25 Minuten garen.
SCHRITT 3: 4 Tomaten mit etwas Olivenöl aufs Backblech setzen und mitbraten. Danach die Folie öffnen und weitere 5 Minuten garen, bis die Hühnerbrüste eine schöne Farbe haben. Die fertigen Hühnerbrüste aus der Folie nehmen und mit dem angerichteten Salat und Schmortomaten servieren.

Gratinierte Beeren

100 g	schwarze Johannisbeeren
100 g	rote Ribiseln
100 g	weiße Stachelbeeren
2	Eier
1–2 EL	Agavensirup
⅛ l	Magermilch
1 EL	Sojacreme oder Obers

SCHRITT 1: Beeren gut waschen, in eine feuerfeste Form schichten und mit Sojacreme überziehen. Die ganzen Eier mit Sojamilch und Agavensirup gut mit dem Mixer aufschlagen und über die Früchte gießen.
SCHRITT 2: Im vorgeheizten Backrohr bei 190 °C ca. 20 bis 25 Minuten backen.

Info *Die Beeren können Sie beliebig wählen und sowohl warm als auch kalt servieren.*

Marillencreme

SCHRITT 1: Die gekochten Marillenhälften gut abtropfen lassen und mit Zitronensaft und Agavensirup im Mixer pürieren.
SCHRITT 2: Gelatine in etwas Wasser einweichen und nach 5 Minuten ausdrücken. In 1 EL Wasser im warmen Wasserbad auflösen und sofort unter das Marillenpüree geben. Den Topfen glatt rühren und ebenfalls unter das Püree mischen. Zuletzt die steif geschlagene Sojacreme unterrühren.
SCHRITT 3: In Dessertschalen füllen und 3 Stunden kalt stellen.

200 g	gekochte Marillen
½	Zitrone
1 EL	Agavensirup
4 Blatt	Gelatine
75 g	Magertopfen
50 g	Sojacreme zum Schlagen

Gebackene Topfentorte mit frischen Himbeeren

SCHRITT 1: Eier trennen. Eidotter, Topfen, geriebene Mandeln, Rum, Agavensirup oder Vollzucker schaumig rühren. Anschließend den mit einer Prise Salz steif geschlagenen Schnee unterheben. In eine leicht befettete Springform füllen und bei mittlerer Hitze (150 °C) ca. 1 Stunde hell backen.
SCHRITT 2: Torte in Stücke schneiden und mit frischen Himbeeren servieren. Diese Torte wird nicht sehr hoch.

1 kg	Magertopfen
3 EL	geriebene Mandeln
4	Eier
100 g	Vollzucker oder Agavensirup
1 EL	Rum
1 Pkg.	Backpulver

Heidelbeerjoghurt

SCHRITT 1: Die Beeren zerdrücken und mit dem Joghurt und Agavensirup verrühren.

250 ml	Magerjoghurt oder Sojajoghurt
250 g	Heidelbeeren
etwas	Agavensirup

Das Herbstmenü in Phase I

Saisonale Empfehlung:
Genießen Sie im Herbst die reiche Ernte der Natur und kochen Sie mit heimischem Obst: Äpfel, Birnen, Zwetschken etc.

Ingwerjoghurt-Sauce mit Rohkost

SCHRITT 1: Knoblauch schälen und durch eine Knoblauchpresse drücken. Mit Sojajoghurt und Gewürzen vermengen.
SCHRITT 2: Die Selleriestangen und die Paprikaschote in Streifen, die Karotte in feine Scheiben schneiden. Mit der Ingwerjoghurtsauce servieren.

250 g	Sojajoghurt
	Salz
	Pfeffer
2 EL	gehackte Petersilie und Minze
1	nussgroßes Stück fein geriebener Ingwer
1	Knoblauchzehe
1	Paprikaschote
2 Stangen	Sellerie
1	Karotte

Thunfischsalat mit Kapernbeeren

SCHRITT 1: Tomaten würfelig schneiden, mit dem klein gehackten Ei und den restlichen Zutaten in eine Salatschüssel geben und mit Salz Pfeffer, Essig und Öl marinieren.
SCHRITT 2: Auf 2 Tellern anrichten und mit Thunfisch, Kapernbeeren und klein gehacktem Basilikum garnieren.

1 Dose	Thunfisch ohne Öl
4	Tomaten
2 EL	Kapernbeeren
1 EL	frisch gehacktes Basilikum
1	hartes Ei
80	gemischter Blattsalat
1	klein gehackte Zwiebel
	Salz
	Pfeffer
	Olivenöl
etwas	Rotweinessig

Karfiolcremesuppe

Schritt 1: Zwiebel fein schneiden und im Rapsöl goldgelb rösten. Mit wenig Wasser und dem Suppenwürfel aufgießen.
Schritt 2: Den gewaschenen Karfiol in Röschen zerteilen und mitkochen. Wenn der Karfiol weich ist, einige Röschen herausnehmen und den restlichen Karfiol mit dem Stabmixer pürieren. Mit Salz, Pfeffer und Muskatnuss abschmecken und mit Schnittlauchröllchen und den Karfiolröschen servieren.

1	kleiner Karfiolkopf
1	Zwiebel
	geriebene Muskatnuss
	Salz
	Pfeffer
1 EL	Rapsöl
	Schnittlauchröllchen
1	Biosuppenwürfel
	Wasser

Hechtfilet auf roter Linsen-Lauch-Sauce

Schritt 1: Die roten Linsen waschen und in ungesalzenem Wasser bissfest kochen (ca. 25 Minuten). Abseihen und abschrecken. Den Lauch waschen und in Ringe schneiden.
Schritt 2: Kren und Eidotter gut verrühren und damit die gesalzenen Hechtfilets bestreichen und in Rapsöl beidseitig braten. Die Filets aus der Pfanne nehmen und im vorgeheizten Rohr warm stellen.
Schritt 3: Im Bratenrückstand den Lauch anschwitzen, mit Suppe ablöschen und mit Crème Fraîche einkochen lassen. Die Linsen dazugeben, mit Salz und Pfeffer würzen und mit den Hechtfilets auf der Sauce anrichten.

2	Hechtfilets (je 150 g)
1 EL	Kren
1	Eidotter
120 g	rote Linsen
1	kleine Stange Lauch
⅛ l	Biogemüsesuppe
1 EL	Crème Fraîche
	Salz
	Pfeffer
	Rapsöl
	frisch gehackte Petersilie

Gefüllter Paprika mit Tomatensauce

SCHRITT 1: Die Tomaten kreuzweise einschneiden und kurz blanchieren. Danach in kaltem Wasser abschrecken, Haut abziehen und in kleine Würfel schneiden.

SCHRITT 2: Die Zwiebel schälen, klein hacken und in Olivenöl goldgelb rösten. Die gepressten Knoblauchzehen, die Tomatenwürfel und fein geschnittene Kräuter dazugeben. Mit Salz und Pfeffer abschmecken und ca. zu einem Drittel eindicken lassen.

SCHRITT 3: Die gewaschenen Paprikaschoten längs halbieren und entkernen. 20 bis 25 Minuten im Dampf garen. Zwiebel schälen, fein hacken und klein schneiden. Den gekochten Naturreis und das Tomatenmark dazugeben und alles mit dem leicht aufgeschlagenen Eiklar und dem klein gehackten Basilikum vermengen. Zuletzt salzen, pfeffern und die Paprikaschoten damit füllen.

SCHRITT 4: In eine geölte Auflaufform setzen und im vorgeheizten Backrohr bei 180 °C ca. 25 Minuten garen. Mit Tomatensauce servieren.

2	grüne Paprikaschoten
1	Zwiebel
etwas	Tomatenmark
300 g	gekochter Naturreis
2	Eidotter
	frisches, gehacktes Basilikum
	Salz
	Pfeffer

Tomatensauce

500 g	Tomaten
1	Zwiebel
2	Knoblauchzehen
	frisches Basilikum
	Oregano
	Salz
	Pfeffer

Gemüsepfanne mit Geselchtem

SCHRITT 1: Geselchtes in Streifen schneiden und in einer Pfanne mit Olivenöl anbraten.

SCHRITT 2: Das Gemüse waschen, in kleine Stücke schneiden und beigeben. Mit gepresstem Knoblauch, Chili, Salz und Pfeffer würzen. Mit der Gemüsebrühe ablöschen und bei mittlerer Hitze noch 10 Minuten schmoren lassen. Mit gehackter Petersilie bestreuen und servieren.

150 g	mageres Geselchtes
2 EL	Olivenöl
1	Zucchini
150 g	Champignons
½	kleiner Karfiolkopf
100 g	Stangensellerie
1	Karotte
3	Knoblauchzehen
	Chili nach Bedarf
¼ l	Gemüsebrühe
	Salz
	Pfeffer
	fein gehackte Petersilie

Lachsforellenfilet mit gegrilltem Gemüse

2	Lachsforellenfilets (à 150 g)
etwas	Zitronensaft
2 EL	Olivenöl
1 TL	gehackte Rosmarinnadeln
1	Paprikaschote
200 g	Melanzani
200 g	Zucchini
2 EL	Olivenöl
2	gepresste Knoblauchzehen
	Meersalz
	schwarzer Pfeffer
½ Bd.	Petersilie
½	Zitrone (Saft)

SCHRITT 1: Ein Backblech mit Olivenöl einstreichen. Backofen auf mittlerer Hitze vorheizen und die gewaschenen und in Scheiben geschnittenen Melanzani, Zucchini und die geviertelten (vom Kerngehäuse befreiten) Paprikaschoten nebeneinander auflegen. Ca. 15 Minuten grillen.

SCHRITT 2: Zucchini herausnehmen, Paprikaschoten und Melanzani umdrehen und weitere 10 Minuten grillen. Petersilie fein hacken und mit gepresstem Knoblauch, etwas Olivenöl und Zitronensaft vermengen und über das fertige Gemüse geben.

SCHRITT 3: Die Lachsforellenfilets mit Zitronensaft einreiben, salzen, mit Rosmarinnadeln bestreuen und in Olivenöl auf beiden Seiten schön anbraten. Mit gegrilltem Gemüse anrichten.

Tipp *Fischfiltes und Gemüse sind je nach Jahreszeit auswechselbar.*

Hirschsteak mit Apfelrotkraut

SCHRITT 1: Rotkraut fein schneiden und die Zwiebel fein hacken. Äpfel entkernen, schälen und würfeln. Zwiebel in Öl anschwitzen, Rotkraut beifügen und ca. 5 Minuten dünsten. Äpfel dazugeben, eventuell mit Agavensirup süßen und mit Wasser aufgießen. Zugedeckt ca. 20 Minuten garen.

SCHRITT 2: Das Wurzelwerk klein schneiden und in einer Pfanne mit etwas Öl anrösten. Mit Gemüsebrühe aufgießen und weich dünsten. Salzen, pfeffern, geriebene Muskatnuss, Gewürznelke und Lorbeerblatt dazugeben und im Stabmixer pürieren.

SCHRITT 3: Die Steaks mit wenig Rapsöl in einer Pfanne auf beiden Seiten kurz anbraten. Mit der Sauce übergießen und noch einige Minuten braten lassen. Danach mit Rotkraut servieren.

2	Hirschsteaks
1 Prise	Muskatnuss
1 Bd.	Wurzelwerk
	Salz
	Pfeffer
etwas	Rapsöl

Apfelrotkraut

1	kleiner Rotkrautkopf
1	Zwiebel
2	Äpfel
2 EL	Rapsöl
1	Lorbeerblatt
1	Gewürznelke
1 TL	Salz
	Pfeffer
etwas	Biogemüsebrühe
etwas	Agavensirup (bei Bedarf)

Herbstlicher Fruchtsalat (für den Nachmittag)

2	Birnen
200 g	Brombeeren
2	ausgelöste Walnüsse
etwas	Zitronensaft

SCHRITT 1: Birnen teilen, das Kerngehäuse entfernen und würfelig schneiden, Walnüsse auslösen und vierteln, die gewaschenen Brombeeren vorsichtig unterheben und mit einem Spritzer Zitronensaft marinieren.

Rote Beerencreme (Ausnahme)

300 g	rote Beeren
¼ l	Magermilch oder Sojamilch
2	Eidotter
2 EL	Agavensirup
6 Blatt	Gelatine

SCHRITT 1: Eidotter und Agavensirup in einer Schüssel versprudeln. Magermilch zum Kochen bringen und langsam zu der Eimasse geben.

SCHRITT 2: Gelatineblätter in kaltem Wasser einweichen und ausdrücken. In die warme Creme einrühren und noch einige Minuten weiterrühren. Die roten Beeren im Stabmixer pürieren und 2/3 davon unter die Creme mischen. In Schalen füllen und kalt stellen. Vor dem Servieren jeweils mit den restlichen pürierten Beeren garnieren.

Karfiolsalat mit Kürbiskernen und hartem Ei

SCHRITT 1: Karfiol in mittelgroße Stücke teilen, die dicken Stiele entfernen und bissfest über Dampf garen. Zwiebel fein hacken und der Marinade aus Kürbiskernöl, Pfeffer und Weinessig beimengen.

SCHRITT 2: Die Karfiolröschen auf Tellern anrichten, mit der Marinade übergießen und mit Kürbiskernen, dem klein gehackten Ei und frischen Schnittlauchröllchen noch warm servieren.

1	kleiner Karfiol
2 EL	Kernöl
2 EL	Weinessig
	schwarzer Pfeffer
	Salz
1	Zwiebel
2 EL	Kürbiskerne
1	Schnittlauch
	klein gehacktes, hartes Ei

Tipp *Sie können den Karfiolsalat auch mit 100 g klein geschnittenem Schinken oder Räuchertofu servieren.*

Gebratene Steinpilze auf Häuptelsalat mit Walnüssen

Schritt 1: Steinpilz waschen, in Scheiben schneiden und in Rapsöl herausbraten.

Schritt 2: Häuptelsalat waschen, zerteilen und die inneren Blätter in eine Schüssel geben. Mit Weinessig und Walnussöl marinieren und auf flachen Tellern anrichten. Darauf die gebratenen Steinpilze schieben, frische Walnüsse und klein gehackte Petersilie darüber verteilen und mit bunten Pfefferkörnern dekorieren.

1	großer Steinpilz
	Rapsöl
	Kräutersalz
	Pfeffer (aus der Mühle)
½ Bd.	Petersilie
1	Häuptelsalat
2 EL	Weinessig
3	ausgelöste Walnüsse
etwas	Walnussöl

Gemüsesuppe mit Garnelen

SCHRITT 1: Die fein gehackte Zwiebel in etwas Olivenöl anrösten, die gewaschenen Garnelen dazugeben und kurz mitrösten. Mit Wasser aufgießen und das klein geschnittene Gemüse, gepressten Knoblauch und den halben Biosuppenwürfel zufügen. Mit Salz, Pfeffer und der frisch gehackten Petersilie würzen.

1	kleine Zwiebel
etwas	Olivenöl
einige	Garnelen
	Salz
	Pfeffer
½	zerdrückte Knoblauchzehe
	Biosuppenwürfel
	Wasser
	klein gehackte Petersilie
	Gemüse nach Belieben z. B.
	Stangensellerie
	Fisolen
	Tomate
	Lauch

Karfiol-Broccoli-Auflauf

SCHRITT 1: Karfiol und Broccoli in Röschen zerteilen, waschen und in leicht gesalzenem Wasser bissfest kochen und danach abseihen. Zwiebel in feine Ringe schneiden und in etwas Olivenöl anrösten.

SCHRITT 2: Magermilch oder Kokosmilch mit Eiern versprudeln, Salz, Pfeffer, Muskatnuss und gehackten Schnittlauch dazugeben. Karfiol, Broccoli in die Auflaufform geben, mit der Sauce übergießen und im vorgeheizten Backrohr bei 180 °C 30 Minuten backen. 5 Minuten vor Ende mit geriebenem Bierkäse bestreuen und mit Blattsalat anrichten.

300 g	Broccoli
300 g	Karfiol
1	große Zwiebel
	Olivenöl
¼ l	Magermilch oder Kokosmilch
2	Eier
	Salz
	Pfeffer
	Muskatnuss
1 Bund	Schnittlauch
50 g	geriebener Bierkäse

Fischspießchen vom Grill mit Letschogemüse und Kichererbsen

Schritt 1: Für das Letscho die Zwiebel klein schneiden und in Olivenöl glasig dünsten. Dann die Melanzani kleinwürfelig schneiden und mitrösten. Restliches Gemüse ebenfalls klein schneiden und dazugeben, eventuell während des Kochens mit Wasser aufgießen. Salzen, pfeffern und mit dem klein geschnittenen Basilikum würzen. Zuletzt eine Hand voll gekochter Kichererbsen unter das Letscho mischen.

Schritt 2: Fische in Stücke schneiden mit Salz, Pfeffer, Kräutern und etwas Olivenöl marinieren und auf Holzspieße stecken. Im vorgeheizten Rohr bei mittlerer Hitze auf einem Rost grillen. Die fertigen Fischspießchen mit Letschogemüse servieren.

100 g	Petersfisch
100 g	Scholle
100 g	Lachsfilet
	Petersilie
	Koriander
	Estragon
	Salz
	Pfeffer
	Olivenöl
½	Zucchini
1	kleine Melanzani
1	Zwiebel
je 1	rote und grüne Paprikaschote
2	Knoblauchzehen
4	Tomaten
	Salz,
	Pfeffer
	Basilikum
	Olivenöl
1 Hand	voll gekochte Kichererbsen

Rehragout mit Rotweinbirne und Gemüse-Tagliatelle

SCHRITT 1: Schnitzel würfelig schneiden, salzen, pfeffern und in Rapsöl kurz anbraten, dann aus der Pfanne nehmen und warm stellen.
SCHRITT 2: Bratenrückstand mit Wein und Wasser aufgießen. Fleisch, Lauch, in Scheiben geschnittene Champignons oder die in Wasser eingeweichten Steinpilze sowie Wacholderbeeren beifügen und ca. 20 Minuten auf kleiner Flamme köcheln lassen.
SCHRITT 3: Zuletzt noch mit Sauerrahm verfeinern, aber nicht mehr kochen lassen.
SCHRITT 4: Die Birnen schälen, Kerngehäuse ausstechen und mit Rotwein, Agavensirup, Zimtrinde, Gewürznelken und Wasser aufkochen lassen.

2	Rehschnitzel (à 150 g)
	Rapsöl
etwas	Rotwein
50 g	fein geschnittener Lauch
150 g	Champignons (oder 70 g getrocknete Steinpilze)
1 EL	Sauerrahm
	Wasser
einige	Wacholderbeeren
	Salz, Pfeffer
2	Birnen
⅛ l	Rotwein
1	Zimtrinde
	Agavensirup nach Belieben
2	Gewürznelken

GEMÜSE-TAGLIATELLE

SCHRITT 5: Mit einem Spargelschäler von der gewaschenen Zucchini der Länge nach Streifen abziehen. Ebenso beim Lauch Streifen abziehen.
SCHRITT 6: Die Streifen über Dampf bissfest garen. Auf Teller legen, mit Gemüsebrühe, Salz und Pfeffer würzen und mit dem Rehragout und der Birne servieren.

1	kleine Zucchini
1 Stange	Lauch
2 EL	Gemüsebrühe

Putengeschnetzeltes mit Apfelspalten

Schritt 1: Putenfleisch würfelig schneiden und in einer Teflon beschichteten Pfanne mit 1 EL Rapsöl anbraten, salzen, pfeffern und warm stellen.

Schritt 2: Die Äpfel halbieren, das Kerngehäuse entfernen und jede Hälfte noch zweimal teilen. In wenig Rapsöl mit einer Prise Zimt abbraten (Äpfel sollten noch bissfest bleiben).

Schritt 3: Das Fleisch und die zerteilten Walnüsse zufügen und mit Kokosmilch verfeinern und noch einige Male umrühren. Mit fein gehackter Petersilie bestreuen und servieren.

300 g	Putenbrust
2 EL	Rapsöl
	Salz
	Pfeffer
400 g	Golden Delicius
1 Prise	Zimt
etwas	Kokosmilch
4	Walnüsse (ausgelöst und geviertelt)
½ Bd.	gehackte Petersilie

Topfencreme mit Brombeeren

Schritt 1: Eiklar mit einer Prise Salz und Agavensirup steif schlagen, den Topfen vorsichtig unterheben, so dass eine lockere Creme entsteht. Danach die Beeren untermischen und die Creme in Dessertschalen füllen und kurze Zeit kühl stellen.

150 g	Magertopfen
2	Eiklar
1 Prise	Salz
1 EL	Agavensirup
150 g	Brombeeren

Holunderröster

SCHRITT 1: Wasser, Agavensirup mit den Gewürzen aufkochen lassen, dann die gerebelten Beeren und die halbierten Zwetschken darin ziehen lassen, bis sie weich sind. Man kann den Holunderröster warm oder auch kalt essen.

400 g	Holunderbeeren
50 ml	Agavensirup
⅛ l	Wasser
2	Nelken
1	Zimtrinde
einige	entkernte halbierte Zwetschken
	Biozitronenschale

Apfelkompott mit Quitte

SCHRITT 1: Äpfel und Quitte schälen, Kerngehäuse entfernen, würfeln und mit etwas Zitronensaft, einer Zimtrinde und reichlich Wasser weich dünsten, eventuell mit Agavensirup süßen.

3	Äpfel
1	Quitte
etwas	Zitronensaft
	Agavensaft
1	Zimtrinde
	Wasser

Kleine Käseplatte mit Walnüssen

Variation von verschiedenen Hartkäsesorten mit frischen Walnüssen garnieren.

Info *Käse ist in Phase I nach einer Fett-Eiweiß-Mahlzeit erlaubt, aber natürlich ohne Brot.*

Das Herbstmenü in Phase II

Lauch in Vinaigrette

SCHRITT 1: Den Lauch gründlich waschen und die äußeren Schichten abziehen. Die beiden Enden abschneiden, den Lauch teilen und in reichlich Salzwasser bissfest kochen. Abtropfen und abkühlen lassen.
SCHRITT 2: Für die Sauce den scharfen Senf mit Balsamico und Olivenöl vermischen, salzen, pfeffern und etwas frisch gepressten Knoblauch dazugeben.
SCHRITT 3: Den Lauch auf Tellern anrichten, mit der Sauce übergießen und mit klein geschnittener Petersilie bestreuen.

1 Stange	Lauch
½ Bd.	Petersilie
etwas	scharfer Senf
½ EL	Balsamicoessig
1–2 EL	Olivenöl
	Salz
	Pfeffer
evtl.	Knoblauch

Bohnensalat

SCHRITT 1: Bohnen gut abspülen und abtropfen lassen. Tomaten vierteln, Zwiebel klein schneiden und in eine Schüssel geben und vermengen. Den Salat mit dem Dressing marinieren und mit Salatblättern auf 2 Tellern anrichten.

140 g	rote Bohnen aus der Dose
1	kleine Zwiebel
150 g	große Kirschtomaten
1	milder grüner Pfefferoni
einige	Salatblätter
Dressing	
1 EL	frisch gehackter Koriander oder Petersilie
2 EL	Rapsöl
2 EL	Zitronensaft
	Salz
	Pfeffer (aus der Mühle)

Kürbiscremesuppe

SCHRITT 1: Kürbis schälen, entkernen und in grobe Würfel schneiden. Zwiebel klein schneiden. Alles in einen Topf geben, mit der Suppe aufgießen und weich kochen.
SCHRITT 2: Mit dem Stabmixer pürieren, salzen, pfeffern und mit Muskatnuss abschmecken. Mit wenig Kokosnussmilch und beliebig Wasser aufgießen und mit Schnittlauchröllchen und Kürbiskernöl servieren.

1	kleiner Kürbis
1	Zwiebel
ca. ½ l	Biogemüsebrühe
	Salz
	Pfeffer
etwas	Muskatnuss
	Schnittlauchröllchen
etwas	Kokosnussmilch
1 EL	Kürbiskernöl

Info

Sie können die Suppe gerne mit etwas Kokosnussmilch verfeinern, nicht aber mit tierischen Fetten wie Schlagobers oder Crème Fraîche! Denn die wenigen im Kürbis enthaltenen Kohlenhydrate weisen einen relativ hohen GI auf.

Schwammerlsuppe

SCHRITT 1: Pilze waschen und klein schneiden. Suppengrün würfeln und alles in einer Pfanne mit Olivenöl andünsten. Mit Wasser und Biosuppenwürfel aufgießen.
SCHRITT 2: Das Gemüse mit dem Stabmixer fein pürieren, nochmals erhitzen und mit Salz, Pfeffer, Sauerrahm und Petersilie abschmecken.

300 g	gemischte Pilze
1	Zwiebel
1 EL	Olivenöl
1 Bd.	Suppengrün
	Salz
etwas	Pfeffer
½	Biosuppenwürfel
	klein gehackte Petersilie
	Wasser
1 EL	Sauerrahm

Tofu-Gemüse-Spießchen mit Kichererbsenpüree oder Joghurtsauce

SCHRITT 1: Den geräucherten Tofu in Würfel schneiden und mit dem Gemüse auf Spieße stecken und in eine flache Schale legen.

SCHRITT 2: Aus Zitronensaft, Salz, Pfeffer, Öl und Petersilie eine Marinade machen und diese über die Spieße geben. Mindestens 15 Minuten einziehen lassen.

SCHRITT 3: Danach die Spieße im vorgeheizten Backrohr goldgelb garen, dabei häufig wenden und mit der Marinade bestreichen.

200 g	geräucherter Tofu
je ½	gelbe und rote Paprikaschote
	Champignons
1	Zucchini
1	Zwiebel
½	Zitrone (Saft)
	Salz
	Pfeffer
	frisch gehackte Petersilie
4	Holzspießchen

Tipp *Dazu passt gut eine Joghurtsauce mit gepresstem Knoblauch, Salz, Pfeffer und etwas gemahlenem Koriander oder als Sättigungsbeilage Kichererbsenpüree (siehe nächste Seite).*

Kichererbsenpüree

Schritt 4: Die gut abgespülten und abgetropften Kichererbsen mit den anderen Zutaten pürieren, gegebenenfalls noch etwas Wasser beifügen, damit ein schön cremiges Püree entsteht.

1 Dose	Kichererbsen
1	gehackte Knoblauchzehe
½	Zitrone (Saft)
	Salz
	Pfeffer
½ TL	Kreuzkümmel
1 EL	Olivenöl
etwas	Wasser
½ Bd.	gehackte Petersilie
2 EL	Tahini (Paste aus gemahlenen Sesamsamen, erhältlich in türkischen Geschäften)

Altwiener Kochsalat mit Würsteln

Schritt 1: Den Kochsalat entblättern, die ersten Blätter und den Strunk entfernen. Sehr gut waschen und in reichlich Salzwasser blanchieren, danach abseihen und abtropfen lassen. Ca. ¼ l Kochwasser zurückbehalten.

Schritt 2: Die klein gehackte Zwiebel im Rapsöl glasig dünsten und den grob geschnittenen Kochsalat zufügen. Die gekochten Erbsen und die gehackte Petersilie mit Gemüsebrühe und dem restlichen Kochwasser zugeben und noch einige Minuten dünsten lassen. Mit Salz, Pfeffer und etwas Muskatnuss verfeinern und mit den Würsteln servieren.

500 g	Kochsalat
120 g	grüne Erbsen
2 EL	Rapsöl
1	klein geschnittene Zwiebel
	gehackte Petersilie
	Salz
	Pfeffer
etwas	Biogemüsebrühe
	geriebene Muskatnuss
2 Paar	Würstel (Frankfurter)

Schwammerlgulasch mit Haferflockennockerln und grünem Blattsalat

Schritt 1: Zwiebeln fein schneiden und in Zitronensaft anrösten. Schwammerln waschen, trocken tupfen, schneiden und mit den Zwiebeln mitrösten. Suppenwürfel in wenig Wasser aufkochen lassen und zu den Schwammerln geben. Pfeffern, paprizieren, salzen und zuletzt den Sauerrahm beimengen, aber nicht mehr kochen lassen.

500 g	verschiedene Schwammerln
2	Zwiebeln
	Paprikapulver
	Salz
	Pfeffer
etwas	Zitronensaft
125 g	Sauerrahm
½	Biosuppenwürfel
	frische Petersilie

Tipp *Für ein Rindsgulasch nehmen Sie anstelle der Schwammerln 250 g Gulaschfleisch und 250 g Zwiebeln.*

Nockerln

Schritt 2: Haferflocken trocken in einer Teflon geschichteten Pfanne anrösten, mit Milch aufgießen und unter ständigem Rühren ca. 5 Minuten quellen lassen.
Schritt 3: Fein gehackte Petersilie, Eier, Gewürze untermengen. Nockerln formen und ca. 5 Minuten in schwach kochendem Salzwasser ziehen lassen, herausnehmen und mit dem Gulasch servieren.

100 g	Haferflocken
¼ l	Magermilch
2	Eier
	Petersilie
	Muskatnuss
	Salz
	Pfeffer

Naturschnitzel mit Risipisi

Schritt 1: Grüne Erbsen in ausreichend Wasser kochen, abseihen und kalt abschrecken. Den Lauch in Ringe schneiden und mit etwas Rapsöl dünsten. Wildreis salzen und in der doppelten Menge Wasser kochen. Erbsen und den gedünsteten Lauch dazugeben und gut vermischen.
Schritt 2: Schnitzel klopfen und am Rand mehrmals einschneiden. Dann salzen, pfeffern und auf einer Seite mit Senf bestreichen. In einer flachen Pfanne Rapsöl erhitzen und die Schnitzel ins heiße Fett einlegen und goldbraun braten. (Das Fett sollte sehr heiß sein, damit die Schnitzel saftig bleiben.) Schnitzel bei voller Hitze einmal wenden und fertig braten.
Schritt 3: Schnitzel aus der Pfanne nehmen, warm stellen und den Bratensaft mit etwas Gemüsebrühe aufkochen lassen. Schnitzel mit Saft, Risipisi, einer Zitronenscheibe und gezupfter Petersilie servieren. Dazu passt gut grüner Salat.

2	Kalbsschnitzel aus der Schale (à 140 g)
	Salz
	Senf
etwas	Rapsöl
	schwarzer Pfeffer
	frische, gezupfte Petersilie
2	Zitronenscheiben
etwas	Gemüsebrühe
Risipisi:	
150 g	grüne Erbsen
½ Stange	Lauch
½ EL	Rapsöl
½ Tasse	Wildreis
	Salz

DIE AUSNAHMEN

Wiener Backhendel mit Kürbiskernpanier und Gurken-/Krautsalat

SCHRITT 1: Ein Biohendel zerlegen und enthäuten, salzen und durch zwei gut aufgeschlagene verquirlte, gesalzene Eier ziehen. Kein Wasser zufügen!

SCHRITT 2: Semmelbrösel mit den gehackten Kürbiskernen vermischen, die Hühnerstücke darin wenden, leicht andrücken und in heißem Öl schwimmend backen. Auf einer Papierserviette abtropfen und mit Petersilie, einer Zitronenhälfte und Gurken- und Krautsalat servieren.

1 frisches Biohendel
Salz
Pfeffer
Semmelbrösel
gehackte Kürbiskerne
2 Eier
frische Petersilie
Öl zum Herausbacken

Wiener Schnitzel mit gemischtem Salat

SCHRITT 1: Fleisch leicht klopfen und am Rand einschneiden. Beidseitig salzen und durch ein gut aufgeschlagenes verquirltes, gesalzenes Ei ziehen. Kein Wasser zufügen!
SCHRITT 2: In Semmelbröseln wenden und in heißem Öl schwimmend goldbraun ausbacken. Auf einer Papierserviette abtropfen und mit klein gehackter Petersilie, einer Zitronenhälfte und gemischtem Salat servieren.

2	Kalbsschnitzel (à 150 g)
	Semmelbrösel
	Salz
1	Ei
	Öl zum Herausbacken
	Zitronenhälfte
	Petersilie

Tipp *Essen Sie keinen Erdäpfelsalat und keinen Maissalat dazu. Wählen Sie für die warme Jahreszeit Tomaten- und Gurkensalat und für die kalte Jahreszeit Krautsalat.*

Beerenschnitten

SCHRITT 1: Eidotter und Ei, Vollzucker und Rum fein schlagen, nachher die Mandeln mit dem Backpulver untermischen. Eiklar (mit einer Prise Salz) zu steifem Schnee schlagen und einheben.
SCHRITT 2: Ein Backblech mit Papier auslegen und die Masse darauf streichen. Im vorgeheizten Backrohr erst bei 180 °C backen, dann Hitze etwas reduzieren und fertig backen.
SCHRITT 3: Das erkaltete Biskuit mit Erdbeermarmelade bestreichen und die Beeren darauf verteilen. Gelatine nach Packungsanweisung zubereiten und über den Kuchen gießen. Kalt stellen und in Schnitten schneiden.

5	Eidotter
1	Ei
5	Eiklar
1 Prise	Salz
100 g	Vollzucker
100 g	geriebene Mandeln
1 Msp.	Backpulver
1 EL	Rum
	Erdbeermarmelade (mit 70 % Fruchtanteil)
750 g	frische gemischte Beeren
10 Blatt	Gelatine

Zwetschkenknödel

SCHRITT 1: Topfen, Ei und Vollkornmehl zu einem Teig verrühren. Kleine Teigpatzen mit nassen Händen entnehmen und je 1 Zwetschke damit umhüllen. Gleich ins leicht kochende Salzwasser einlegen. Ziehen lassen, bis sie aufsteigen. Zum Formen braucht man etwas Fingerspitzengefühl, da der Teig sehr weich ist!
SCHRITT 2: Haselnüsse in einer Teflon beschichteten Pfanne leicht rösten, Vollzucker beifügen und die Knödel darin wälzen.

250 g	Magertopfen
1	Ei
1 Prise	Salz
4 EL	Vollkornmehl
8	Zwetschken

Brösel

50 g	geriebene Haselnüsse
2 EL	Vollzucker

Tipp *Anstelle der Zwetschken können Sie je nach Saison auch Erdbeeren oder Marillen wählen oder die Knödel ohne Früchte mit einem Beerenmus servieren.*

Karottenkuchen

Schritt 1: Eiklar und Vollzucker steif schlagen. Die Eier aufschlagen und nach und nach Haselnüsse, aufgeschlagene Eiklarmasse, Karotten und zuletzt das mit Backpulver vermischte Vollkornmehl vorsichtig darunter heben und in eine mit Backpapier ausgelegte Form füllen.
Schritt 2: Ca. 30 Minuten bei 170 °C im vorgeheizten Backrohr backen.

250 g	fein geraspelte Karotten
100 g	Vollkornmehl
150 g	Agavensirup oder Vollzucker
250 g	Haselnüsse
1 TL	Backpulver
2	Eier
2	Eiklar

Info *Bei all den Torten und Kuchen gilt: pro Person 1 Stück Torte oder Kuchen!*

Birnenstrudel

Schritt 1: Die geriebenen Walnüsse in einer beschichteten Pfanne ohne Fett kurz anrösten. Die Birnen teilen, das Kerngehäuse ausschneiden und mit einer Gurkenreibe blättrig schneiden. Mit Zimt und Agavensirup mischen.
Schritt 2: Drei Viertel des Vollkornstrudelblattes mit den gerösteten Nüssen bestreuen und darüber die Birnenscheiben verteilen. Das letzte Drittel des Strudelblatts mit Rapsöl bestreichen und das Strudelblatt vorsichtig von der Seite mit der Birnenfülle einrollen. Auf ein mit Backpapier belegtes Backblech geben, die Oberfläche mit Magermilch bestreichen und bei 170 °C ca. 20 Minuten backen.

1	fertiges Vollkornstrudelblatt
30 g	geriebene Walnüsse
350 g	Birnen
1 TL	Zimt
1 TL	Agavensirup
1 TL	Magermilch
1 TL	Rapsöl

Tipp *Statt Birnen können Sie auch Äpfel verwenden (350 g).*

Feine Waldviertler Mohntorte

Rezept von meiner Schwiegermutter Barbara Scheucher, auf Montignac angepasst

Schritt 1: Dotter und Vollzucker oder Agavensirup schaumig rühren. Mohn, Inländer Rum, geriebene Mandeln, Zimt, Vanillemark und Backpulver leicht untermischen und zuletzt den Schnee und die geriebene Zitronenschale vorsichtig unterheben. Bei 170 bis 180 °C im vorgeheizten Backrohr 35 bis 40 Minuten backen.

Schritt 2: Die Torte mit Ribiselmarmelade bestreichen und mit Schokolade überziehen.

150 g	Mohn
70 g	geriebene Mandeln
1 Msp.	Zimt
½	Vanilleschote
6	Eier
1 Prise	Salz
120 g	Vollzucker oder Agavensirup
1 EL	Inländer Rum
	Mark einer Vanilleschote
2 Msp.	Backpulver
	geriebene Schale einer Biozitrone.
	Ribiselmarmelade (mit 70 % Fruchtanteil)
	Schokolade (mit mindestens 70 % Kakaoanteil)

Tipp *Bei Verwendung von Agavensirup immer eine Springform wählen, da der Kuchen sonst leicht kleben bleibt. Die Torte wird ohnedies nicht so hoch!*

Linsensalat

SCHRITT 1: Die Linsen in kochendem Wasser ca. 15 Minuten weich kochen und gut abtropfen lassen. Paprikaschote würfelig schneiden, Zwiebel fein hacken und Salatgurke klein schneiden, in eine Schüssel geben, die Linsen hinzufügen und gut mischen.
SCHRITT 2: Für das Dressing alle Zutaten verrühren, über den Salat gießen und nochmals gut mischen. Abgedeckt für kurze Zeit in den Kühlschrank stellen. Anschließend einige Salatblätter auf 2 Tellern anrichten und mit dem Linsensalat servieren.

100 g	gelbe Linsen
1	rote Paprikaschote
1	kleine Zwiebel
⅓	Salatgurke
einige	Salatblätter
Dressing	
2 EL	Olivenöl
1 EL	Zitronensaft
½ TL	gemahlener Kreuzkümmel
1	zerdrückte Knoblauchzehe
	Salz
	Pfeffer

Broccolisalat mit Sonnenblumenkernen

SCHRITT 1: Broccoli putzen, waschen, in Röschen teilen und über Dampf bissfest garen.
SCHRITT 2: Auf 2 Tellern verteilen und mit der Marinade aus Kräuteröl, Zitronensaft, Salz, Pfeffer und etwas Wasser abschmecken. Mit schwarzem Sesam und Sonnenblumenkernen garnieren.

400 g	Broccoli
	Salz
	Pfeffer
1 EL	kalt gepresstes Kräuteröl
1 EL	Sonnenblumenkerne
1 EL	schwarzer Sesam
1 EL	Zitronensaft

Tipp *Anstelle von Broccoli passt auch vorzüglich Karfiol.*

Fenchelcremesuppe

SCHRITT 1: Fenchel waschen, fein schneiden und mit Wasser und Suppenwürfel weich kochen. Danach mit dem Stabmixer pürieren, Weißwein zugeben und nochmals aufkochen lassen. Zuletzt mit Sauerrahm binden. Mit Salz, Pfeffer und gehackten Kräutern würzen und mit Sesamkörnern bestreuen.

200 g	Fenchel
½	Biosuppenwürfel
	Wasser
ca. 1/16 l	Weißwein
1 EL	Sauerrahm
	Pfeffer
2 EL	frische, fein gehackte Kräuter
2 EL	Sesamkörner
	Salz

Zanderfilet mit Spinatnockerln

SCHRITT 1: Zanderfilets mit etwas Zitronensaft beträufeln und einige Minuten ziehen lassen.

SCHRITT 2: Knoblauchzehen pressen, die Filets damit einreiben und in etwas Olivenöl herausbraten. Danach salzen, pfeffern, paprizieren und warm stellen.

2	große Zanderfilets
etwas	Zitronensaft
2	Knoblauchzehen
	Olivenöl
	Salz
	Pfeffer
	Paprikapulver

Spinatnockerln

Schritt 3: Spinat waschen und putzen. In einem Topf etwas Wasser erhitzen, den Spinat dazugeben, zusammenfallen lassen und fein hacken.
Schritt 4: Aus Spinat, Dinkelmehl, dem geriebenen Käse, Topfen, Ei und den Gewürzen einen Teig zubereiten und für ein paar Stunden kühl stellen. Danach Nockerln formen und diese ca. 15 Minuten in kochendem Salzwasser ziehen lassen.
Schritt 5: Abseihen, in eine Schüssel geben und je ein Zanderfilet mit fein gehackter Petersilie, dem Saft einer halben Zitrone und 3 Nockerln servieren.

200 g	Spinat
20 g	Dinkelmehl
20 g	geriebener Käse
1	Ei
75 g	Magertopfen
	Meersalz
	Pfeffer
	geriebene Muskatnuss
½	Zitrone (Saft)
	Petersilie

Gegrillte Hühnerkeule auf Kürbisgemüse

SCHRITT 1: Die Hühnerkeulen salzen, pfeffern, mit Rosmarinnadeln bestreuen und im Backrohr bei 200 °C gar grillen.

SCHRITT 2: Kürbis schälen und in Stücke schneiden. Mit etwas Wasser dünsten, salzen und mit Muskatnuss und Pfeffer würzen. Die gehackte Petersilie zufügen und nach Belieben mit Kokosmilch verfeinern.

SCHRITT 3: Die Hühnerkeulen mit Kürbisgemüse und Chinakohlsalat servieren.

2	Hühnerkeulen
½ TL	frisch gehackte Rosmarinnadeln
2 EL	Olivenöl
1 Bd.	gehackte Petersilie
	Salz
	Pfeffer
½	Kürbis
	Muskatnuss
	Kokosmilch

Rollgerstlrisotto

SCHRITT 1: Rollgerste waschen, abtropfen lassen und mit doppelter Menge Biogemüsebrühe aufgießen. Ca. 20 Minuten leicht köcheln lassen, dabei mehrmals umrühren.

SCHRITT 2: Die Zwiebel fein schneiden, die Paprikaschoten würfelig schneiden und dazugeben. Zuletzt die Zucchini in kleine Würfel zerteilen, zur Rollgerste hinzufügen und weitere 10 Minuten köcheln lassen. Wenn nötig noch Wasser zugießen und nochmals eindicken lassen.

SCHRITT 3: Zum Schluss mit Salz, Pfeffer, Muskatnuss, Zimt und Schnittlauchröllchen würzen und mit Endiviensalat servieren.

½	Zwiebel
je ¼	rote, gelbe und grüne Paprikaschote
100 g	Rollgerste
	Biogemüsebrühe
200 g	Zucchini
30 ml	Wasser
	Salz
	Pfeffer
	geriebene Muskatnuss
etwas	gemahlener Zimt
	Schnittlauchröllchen

Grießschmarren mit Zwetschkenröster

(Ausnahme, 4–5 Personen)

Schritt 1: Topfen, Ei, Prise Salz und Vollkorngrieß gut vermischen und ca. 20 Minuten rasten lassen.
Schritt 2: In einer Teflonpfanne etwas Kokosfett erhitzen und die Grießmischung ca. 15 Minuten ausdünsten lassen. Den Schmarren öfter mit der Gabel umrühren. Mit Agavensirup süßen und auf Tellern mit Zwetschkenröster anrichten.

250 g	Altwiener Bröseltopfen
1	Ei
1 Prise	Salz
80 g	Vollkorngrieß
etwas	Kokosfett
2–3 EL	Agavensirup

Zwetschkenröster

Schritt 3: Die Birne teilen, das Kerngehäuse ausschneiden und die Birne in kleine Stücke schneiden.
Schritt 4: Wasser, Agavensirup, Birnenstücke, die entkernten und halbierten Zwetschken mit der Zimtrinde, dem Zitronensaft und der geriebenen Zitronenschale aufkochen lassen und immer wieder umrühren. Eventuell noch etwas Wasser zufügen und so lange kochen lassen, bis sich die Schalen der Zwetschken einrollen.

400 g	Zwetschken
1	Birne
50 g	Agavensirup
⅛ l	Wasser
1 Stk.	Zimtrinde
½	Biozitrone (Saft und Schale)

Waldbeerensülzchen

1	Bioorange
350 g	Waldbeeren
5 Blatt	Gelatine
⅛ l	Portwein
40 g	Agavensirup

Schritt 1: Gelatine in etwas kaltem Wasser einkochen lassen.
Schritt 2: Von der Orange die Schale abreiben. Portwein aufkochen lassen, Agavensirup, geriebene Orangenschale und den Saft der Bioorange beigeben und nochmals aufkochen lassen.
Schritt 3: Gelatine aufkochen lassen und einrühren. Die gewaschenen Beeren vorsichtig einrühren, aber nicht mehr kochen lassen, danach in Gläser füllen und kalt stellen.

Tipp *Anstelle des Portweins eignen sich auch ein trockener Sherry oder Rotwein.*

Das Wintermenü in Phase I

Saisonale Empfehlung:
Bevorzugen Sie lagerfähige Gemüsesorten wie Kraut, Kohlsprossen, Lauch und winterharte Salate wie Endiviensalat oder Vogerlsalat.

Karotten-Nuss-Salat

SCHRITT 1: Karotten fein raspeln und mit Zitronensaft vermischen. Nüsse in einer Pfanne ohne Öl kurz anrösten und zu den Karotten geben. Mit Kürbiskernöl, Salz und Pfeffer marinieren.

3	Karotten
1 EL	Zitronensaft
2 EL	gehackte Walnüsse
1 EL	Kürbiskernöl
	Salz
	Pfeffer

Matjesheringssalat mit Apfel

SCHRITT 1: Karotten in kleine Stücke schneiden. Hering und Essiggurkerln klein schneiden, Apfel abschälen und ebenfalls klein schneiden. Stangensellerie in Scheiben schneiden, alles zusammenmischen und mit der klein geschnittenen Dille und dem Joghurt sowie Salz und Pfeffer abmischen.

150 g	Matjeshering
1	Apfel
2	Essiggurkerln
2	Karotten
etwas	Stangensellerie
3 EL	Joghurt
	Dille
	Salz
	Pfeffer

Fenchel-Orangen-Salat

SCHRITT 1: Fenchel hobeln salzen und pfeffern. Die Zwiebel in Ringe schneiden, 1 abgeschälte Orange in Scheiben schneiden, die zweite Orange auspressen und damit den Salat marinieren und mit Fenchelgrün garnieren.

2	Orangen
½	Fenchel
1	kleine Zwiebel
	Salz
	Pfeffer

Überbackene Lauchrollen auf Vogerlsalat

2 Stangen	Lauch
1/8 l	Salzwasser
4 Scheiben	Beinschinken
4 Scheiben	Magerkäse
1 EL	Kürbiskernöl
	Vogerlsalat nach Belieben

SCHRITT 1: Lauch putzen, Anfang und Enden wegschneiden, waschen und in Salzwasser dünsten. Backrohr auf 180 °C vorheizen, Lauchstangen in der Mitte teilen und jede Hälfte jeweils mit Beinschinken und Käse umwickeln und in eine leicht befettete, feuerfeste Form legen. 10 Minuten überbacken und mit mit Kürbiskernöl mariniertem Vogerlsalat servieren.

Gelbe Linsensuppe

SCHRITT 1: Die gewaschenen Linsen etwa 15 Minuten mit Wasser und den Safranfäden bissfest kochen und abtropfen lassen. Die Zwiebel kleinwürfelig schälen, den Lauch putzen, waschen und ringelig schneiden. Alles in Öl anschwitzen, mit Wein ablöschen und mit der Gemüsesuppe aufkochen lassen. 2/3 der Linsen untermischen und die Suppe ca. 20 Minuten köcheln lassen.
SCHRITT 2: Suppe mit Stabmixer pürieren und mit Salz, Pfeffer, zerdrücktem Knoblauch und Ingwer würzen. Die restlichen Linsen dazugeben und mit der frischen Kresse servieren.

100 g	getrocknete gelbe Linsen
2	Safranfäden
1	Zwiebel
etwas	Rapsöl
1/8 l	Weißwein oder etwas Weinessig
ca. 3/4 l	Gemüsesuppe
1/2	kleine Stange Lauch
1	Knoblauchzehe
etwas	geriebener Ingwer
	Kresse
	Salz
	Pfeffer

Im Wok gebratener Broccoli mit Mandeln und Wildreis

SCHRITT 1: Wok erhitzen und Mandeln und Koriander anbraten. Knoblauch, Ingwer und Broccoli hineingeben und mit etwas Gemüsebrühe bei starker Hitze 2 Minuten braten.
SCHRITT 2: Pfanne vom Herd nehmen, Balsamico und Sojasauce verrühren und in die Pfanne gießen. Alles gut vermischen und mit Sesamkörnern bestreuen.
SCHRITT 3: Wildreis 35 bis 40 Minuten in der doppelten Menge Salzwasser gar kochen und mit dem gebratenen Broccoli servieren. Nach Geschmack würzen.

1 TL	Koriander
400 g	Broccoli
1	zerdrückte Knoblauchzehe
1 TL	fein geriebener Ingwer
1 EL	Balsamicoessig
2 TL	Sesamöl
1 TL	geröstete Sesamkörner
1/2 TL	Sojasauce
	Gemüsebrühe
1 EL	Mandelblättchen
100 g	Wildreis
	Salz

Lachssteak in der Folie mit Kohlgemüse

Schritt 1: Die Lachssteaks salzen, pfeffern und mit Rosmarin bestreuen. In eine Alufolie wickeln und im vorgeheizten Backrohr garen. 5 Minuten vor Ende der Garzeit die Folie öffnen.

Schritt 2: Den Kohl waschen, klein schneiden, den Stunk in der Mitte herausschneiden und in Salzwasser weich kochen. Abseihen, in wenig Rapsöl schwenken, salzen, pfeffern und den Knoblauch dazugeben. Mit Gemüsebrühe nochmals aufkochen lassen und mit dem Fisch servieren.

2	Lachssteaks
etwas	Rosmarin
	Rapsöl
½	kleiner Kohlkopf
1	zerdrückte Knoblauchzehe
	Pfeffer
	Salz
1	Biozitrone
	Gemüsebrühe

Info *Unter Berücksichtigung des GR können Sie in Phase II zusätzlich zum Gemüse auch eine Folienkartoffel essen.*

Krautfleisch

Schritt 1: Die sehr klein geschnittenen Zwiebeln in Rapsöl goldgelb anrösten. Die Hälfte der Zwiebeln herausnehmen und mit dem Pürierstab zerkleinern. Die restlichen Zwiebeln paprizieren, das würfelig geschnittene Fleisch beigeben und kurz mitrösten.

Schritt 2: Mit Gemüsebrühe aufgießen, würzen und das Fleisch weich dünsten. Nach ca. 15 Minuten das Sauerkraut und die Speckscharte zufügen und fertig dünsten.

Schritt 3: Zum Schluss die pürierten Zwiebeln zugeben (dadurch ist kein Stauben mehr nötig). Die Speckschwarte vor dem Servieren wieder entfernen.

300 g	mageres Schweinefleisch von der Schulter
1	kleines Stück Schwarte zum Mitbraten
3	Zwiebeln
300 g	Sauerkraut
ca. 1 EL	Paprikapulver
etwas	Kümmel
	Salz
	Pfefferkörner
1 EL	Rapsöl
	Gemüsebrühe

Wiener Rostbraten mit Kohlsprossen

2 Stk.	Rostbraten
	Salz
	Pfeffer
100 g	Zwiebeln
	Olivenöl
etwas	Rindsuppe
1 Bd.	Petersilie
400 g	Kohlsprossen
½	kleine Zwiebel
	Olivenöl

SCHRITT 1: Die Zwiebeln nudelig schneiden, in einer Pfanne mit Olivenöl braun rösten, aus der Pfanne nehmen und auf einem Küchenkrepp abtropfen lassen.

SCHRITT 2: Die gut abgelegenen Rostbraten klopfen, den Rand leicht einschneiden, salzen und pfeffern. In einer Pfanne etwas Olivenöl erhitzen und die Rostbraten ins heiße Öl einlegen. Auf beiden Seiten braten (innen sollte das Fleisch leicht rosa bleiben). Die Zwiebeln zu den Rostbraten geben und mit etwas Rinder- oder Gemüsebrühe aufgießen.

SCHRITT 3: Kohlsprossen bissfest über Dampf garen und kalt abschrecken. Frische Petersilie blanchieren, ausdrücken, hacken und mit 2 EL Olivenöl aufmixen. Die sehr klein geschnittene Zwiebel dazugeben, salzen, pfeffern und die Kohlsprossen damit würzen. Den Rostbraten mit Zwiebeln und Kohlsprossen servieren.

Apfel im Schlafrock

Schritt 1: Äpfel schälen und in Scheiben schneiden.
Schritt 2: Eiklar mit einer Prise Salz zu einem festen Schnee schlagen, Mandeln mit Eidotter und Mineralwasser cremig rühren und den Schnee unterziehen.
Schritt 3: Die Apfelscheiben mit Zitronensaft beträufeln, durch den Teig ziehen und im heißen Backfett schwimmend goldbraun backen. Auf einer Küchenrolle abtropfen lassen, mit Zimt bestreuen und sofort servieren.

50 g	sehr fein geriebene Mandeln
etwas	Mineralwasser
1	Eidotter
1	Eiklar
1 Prise	Salz
2	süße Äpfel
etwas	Zitronensaft
	Kokosfett zum Herausbacken
	Zimt

Winterlicher Fruchtsalat (für den Nachmittag)

Schritt 1: Granatapfel teilen, die Kerne herauslösen und in eine Schüssel geben. Die Kiwi und den Apfel schälen und in Stücke schneiden. 1 Orange in Stücke schneiden und ebenfalls dazugeben.
Schritt 2: Die zweite Orange auspressen und den Saft unter den Fruchtsalat mischen.

2	Orangen
1	Apfel
1	Kiwi
1	Granatapfel

Kleine Käseplatte auf Salatblättern

Variationen von Hartkäsesorten in vernünftigen Mengen mit Salatblättern garniert servieren.

Tipp

Essen Sie Käse immer mit Messer und Gabel, das hat den Vorteil, dass Ihnen das Brot nicht so fehlen wird. Als Unterlage für die anderen Käsesorten probieren Sie einmal dünn geschnittenen Bierkäse.

Info

In Phase I nach einer Eiweiß-Fett-Mahlzeit sind beinahe alle Käsesorten erlaubt. Nur Ziegenkäse sollten Sie meiden, denn dieser enthält kleine Mengen an Kohlenhydraten.
Falls Sie unter zu hohem Cholesterinspiegel leiden, ist ein fettreduzierter Käse zu bevorzugen.

Krautsalat

SCHRITT 1: Den halben Krautkopf zerteilen und ca. 250 g davon feinnudelig schneiden. Leicht salzen und mit Rapsöl, Chilisauce und etwas frischem Zitronensaft abschmecken.

½	kleiner Krautkopf
1 TL	Rapsöl
2 TL	Chilisauce
	Salz
etwas	Zitronensaft

Sellerie-Karotten-Salat

SCHRITT 1: Zwiebel und Käse feinwürfelig schneiden. Sellerie und Karotten putzen, Apfel schälen und das Kerngehäuse herausschneiden. Anschließend Sellerie, Karotten und den Apfel raspeln.
SCHRITT 2: Aus Apfelessig, Kürbiskernöl, Gewürzen und der gehackten Petersilie eine Marinade bereiten und über die angerichtete Rohkost gießen.

100 g	Bierkäse
1	Zwiebel
1	Apfel
1	Sellerieknolle
2	Karotten
2 TL	Apfelessig
1 EL	Kürbiskernöl
	Salz
	Pfeffer
	frisch gehackte Petersilie

Lauchsuppe mit geräuchertem Tofu

SCHRITT 1: Zwiebel schälen und Lauch waschen, beides fein schneiden und in Olivenöl andünsten. Danach mit Wasser aufgießen. Nach kurzem Kochen die kleinwürfelig geschnittene Sellerieknolle zugeben und mit dem halben Suppenwürfel, Salz und Pfeffer verfeinern.

SCHRITT 2: Die Suppe im Stabmixer pürieren, den in Würfel geschnittenen Tofu in die fertige Suppe geben und mit fein geschnittener Petersilie anrichten.

250 g	Lauch
1	Zwiebel
1 EL	Olivenöl
½	Biogemüsesuppenwürfel
	Wasser
1	Sellerieknolle
80 g	Tofu
	Salz
	Pfeffer
	Petersilie

Krautsuppe

SCHRITT 1: Das Kraut in der Mitte auseinander schneiden, den Strunk entfernen und sehr fein raspeln.

SCHRITT 2: Die Zwiebel klein schneiden und in einem Topf mit etwas Rapsöl glasig dünsten. Die Zwiebel herausnehmen und im Stabmixer fein pürieren.

SCHRITT 3: Die Tomaten, das klein geraspelte Kraut und die Speckschwarte in die Pfanne geben. Mit Gemüsebrühe aufkochen lassen, würzen und weich kochen. Zuletzt mit Sauerrahm verfeinern und die Speckschwarte wieder herausnehmen.

½	kleiner Weißkrautkopf
1	Zwiebel
1	kleines Stück Speckschwarte
1 EL	Rapsöl
1 Dose	geschälte Tomaten
½ l	Gemüsebrühe
1 TL	Kümmel
1 TL	Paprikapulver
	Salz
2	Lorbeerblätter und Wacholderbeeren
etwas	Sauerrahm

Tipp *Ist die Suppe als Hauptmahlzeit gedacht, dann können Sie 120 g mageres Geselchtes oder ein Paar Putenwiener in die Suppe schneiden.*

Biotofu-Gemüse-Laibchen mit Kräutersauce und frischem Vogerlsalat

SCHRITT 1: Tofu fein zerdrücken. Gemüse ganz klein raspeln und danach ausdrücken. Ei und Gewürze dazugeben, zu Laibchen formen und in Rapsöl herausbraten.

SCHRITT 2: Zutaten für die Sauce vermischen, Vogerlsalat salzen und mit Kürbiskernöl und Weinessig marinieren.

300 g	Biotofu
200 g	Gemüse (z. B. Broccoli, Kraut)
1	kleine Zwiebel
1	Ei
	Meersalz
	Pfeffer
1 EL	gehacktes Koriandergrün
1 EL	frische Petersilie
Sauce	
125 g	abgetropftes Magerjoghurt
	frische Kresse
	Salz

Saiblingsfilet auf Bohnenpüree

SCHRITT 1: Die Saiblingsfilets mit Salz und zerdrücktem Knoblauch würzen und in einer Pfanne mit Olivenöl kurz anbraten und wenden. Die klein gewürfelte Paprikaschote und die Pfefferkörner dazugeben.

SCHRITT 2: Die über Nacht eingeweichten Bohnen mit reichlich Wasser und Suppengrün kochen. (Aber nicht salzen! Sonst bleiben die Bohnen hart.)

SCHRITT 3: Eine klein geschnittene Zwiebel in etwas Olivenöl andünsten. Die fertig gekochten Bohnen und die Zwiebel mit dem Stabmixer pürieren und etwas Olivenöl beifügen. Erst jetzt salzen, pfeffern und je nach Geschmack mit Kreuzkümmel oder Koriander verfeinern.

SCHRITT 4: Bohnenpüree mit je einem Saiblingsfilet auf einem vorgewärmten Teller anrichten und mit fein gehackter Petersilie und Zitronenspalte garnieren.

2	Saiblingsfilets
1 EL	Olivenöl
2	Knoblauchzehen
1 Bd.	Petersilie
1	grüne Paprikaschote
	Salz
	bunte Pfefferkörner
1	Biozitrone
200 g	rohe getrocknete Bohnen
	Suppengrün
etwas	Kreuzkümmel

Tipp *Wenn es schnell gehen muss, nehmen Sie 1 Dose Bohnen, spülen die Bohnen gut ab und pürieren diese mit den restlichen Zutaten im Mixer.*

Grillhähnchen mit Rosmarin und buntem Mischgemüse

SCHRITT 1: Das Huhn waschen, trocken tupfen, salzen, pfeffern und mit gepresstem Knoblauch, Rosmarinnadeln und Tabasco marinieren. Auf einen Hühnerspieß setzen und bei 200 °C ca. 1,5 Stunden schön knusprig braten.
SCHRITT 2: Das Gemüse bissfest über Dampf garen, salzen, mit Sesampaste und gehackter Petersilie verfeinern. Sie können unter das Mischgemüse gerne auch Kichererbsen mischen.

1	kleines Biohuhn
2	Knoblauchzehen
	Rosmarinnadeln
1 Spritzer	Tabasco
	Salz
	Pfeffer
400 g	Mischgemüse ohne Mais
1 TL	Sesampaste
½ Bd.	gehackte Petersilie

Birnenkompott

SCHRITT 1: Birnen vierteln, das Kerngehäuse herauslösen, mit Zitronensaft beträufeln und mit der Zimtrinde weich kochen. Vor dem Erkalten Agar Agar beifügen, dabei öfters umrühren.
SCHRITT 2: Zuletzt mit Agavensirup süßen und in Dessertschalen füllen.

3	Birnen
1	Zimtrinde
1 EL	Zitronensaft
1 EL	Agar Agar
etwas	Agavensirup

Das Wintermenü in Phase II

Käferbohnensalat

SCHRITT 1: Die Hälfte der Käferbohnen in ein Sieb geben und gut abspülen. Mit Apfelessig, Salz, Pfeffer und Kürbiskernöl marinieren.
SCHRITT 2: Den Lauch in feine Streifen schneiden, die Zwiebel schälen und in Ringe zerteilen. Beides unter die Bohnen mischen. Zuletzt das abgeschälte Ei vierteln und auf dem Salat verteilen. Mit fein gehackter Petersilie bestreuen.

½ Dose	Käferbohnen
½ Stange	Lauch
1 EL	Apfelessig
	Kürbiskernöl
	Salz
	Pfeffer
½	kleine rote Zwiebel
1	hart gekochtes Ei
	Petersilie

Geräucherte Entenbrust mit Vogerlsalat

SCHRITT 1: Feigen in Scheiben schneiden. Den Rotwein in einem Topf erhitzen, die geschnittenen Feigen dazugeben und einkochen lassen. Mit Salz und Pfeffer verfeinern.
SCHRITT 2: Den mit Olivenöl und Balsamico marinierten Vogerlsalat auf Tellern anrichten, mit Entenbrust und Feigen dekorativ garnieren und mit der Marinade übergießen.

150 g	geräucherte, geschnittene Entenbrust
4	Feigen
⅛ l	Rotwein
70 g	Vogerlsalat
	Salz
	Pfeffer
	Olivenöl
	Balsamicoessig

Schwarzwurzelsalat

SCHRITT 1: Die geschälten Schwarzwurzeln in ca. 3 cm lange Stücke schneiden und im gesalzenen Zitronenwasser weich kochen, dann abseihen und auskühlen lassen.

SCHRITT 2: Das Joghurt in einem Sieb abtropfen lassen, mit der fein gehackten Zwiebel und dem zerdrückten Knoblauch verrühren. Mit Dille, Salz, Pfeffer, Zitronensaft und Olivenöl abschmecken.

SCHRITT 3: Die Sauce in die ausgekühlten Schwarzwurzeln einrühren und mit der geraspelten Karotte garnieren.

400 g	Schwarzwurzeln
etwas	Biozitronensaft
1	Karotte
1	Knoblauchzehe
½	kleine rote Zwiebel
1 EL	Dille
250 g	Magerjoghurt
1 TL	Olivenöl
	Salz
	Pfeffer

Broccolicremesuppe mit Nockerln

SCHRITT 1: Lauch und Sellerie waschen, in Würfel schneiden und bei schwacher Hitze in Olivenöl dünsten. Schalotte fein schneiden und hinzufügen.

SCHRITT 2: Broccoli waschen, Stiele und Röschen in Stücke schneiden. Broccoli, Küchenkräuter, Lauch und Suppenwürfel mit Wasser aufgießen und 25 Minuten gar kochen. Danach im Mixer pürieren und Kokosmilch dazugeben. Nochmals 5 Minuten bei schwacher Hitze kochen und vor dem Servieren mit Salz und Pfeffer würzen.

400 g	Broccoli
100 g	Lauch oder Stangensellerie
etwas	Kokosmilch
1	Biosuppenwürfel
	Wasser
1 EL	Olivenöl
3 EL	Küchenkräuter
1	Schalotte
	Salz
	Pfeffer

NOCKERLN

SCHRITT 3: Hartkäse reiben und mit den restlichen Zutaten vermengen. Die Masse 10 Minuten ruhen lassen, mit einem Löffel Nockerln formen und im leicht siedenden Wasser ca. 8 Minuten ziehen lassen.

SCHRITT 4: Die Suppe mit den Nockerln und der klein geschnittenen Petersilie bestreuen und servieren.

150 g	fettarmer Hartkäse
80 g	Ricotta
1	kleines Ei
ca. 1 EL	Dinkelmehl
	Salz
	Pfeffer

Gulaschsuppe

SCHRITT 1: Die Zwiebeln und den Schinkenspeck fein schneiden und in einem Topf goldbraun rösten und paprizieren. Das würfelig geschnittene Rindfleisch hinzufügen und nur kurz mitrösten. Einen fein zerbröselten Suppenwürfel zugeben und mit Wasser aufgießen.
SCHRITT 2: Gewürze, klein geschnittene Essiggurkerln, Pfefferoni und zerdrückten Knoblauch zugeben und die Suppe zugedeckt köcheln lassen. Öfters umrühren und weiter kochen, bis das Fleisch weich ist.
SCHRITT 3: Zuletzt 2 EL der gegarten Zwiebeln im Stabmixer fein pürieren. Damit sparen Sie sich das Stauben mit Mehl.

200 g	Rindfleisch (am besten Wadschinken)
1	kleines Stück Schinkenspeck
250 g	Zwiebeln
15 g	mildes rotes Paprikapulver
2	Essiggurkerln
2	milde Pfefferoni
	Salz
	Pfeffer
etwas	Majoran
1 Msp.	gemahlener Kümmel
1	Knoblauchzehe
ca. ¾ l	Wasser
½	Biosuppenwürfel

Vollkornspaghetti mit Räucherlachs und Dille

SCHRITT 1: Spaghetti in reichlich leicht gesalzenem Wasser sehr al dente kochen, dann abseihen.
SCHRITT 2: Räucherlachs in Stücke schneiden unter die Nudeln mischen, mit Salz und Pfeffer würzen. Zuletzt die klein geschnittene Dille untermengen. Mit Blattsalat servieren.

200 g	Vollkornspaghetti (roh)
	Wasser
	Salz
100 g	geräucherter Wildlachs
	Pfeffer (aus der Mühle)
	Salz
1 Bd.	Dille

Spinatpalatschinken mit Schafskäse (Ausnahme)

(3 Portionen, 6 Palatschinken)

SCHRITT 1: Vollkornmehl, Salz, Eier und Mineralwasser mit dem Mixer zu einem glatten Teig rühren.

SCHRITT 2: Die Palatschinken in einer Pfanne bei sehr wenig Fett herausbacken. Nur für die erste Palatschinke ist Fett nötig.

125 g	Vollkornmehl
¼ l	prickelndes Mineralwasser
2	Eier
1 Prise	Salz
	Fett zum Herausbacken

FÜLLE

SCHRITT 3: Den gewaschenen Spinat grob schneiden, kurz in heißem Wasser blanchieren und abtropfen lassen.

SCHRITT 4: Zwiebel sehr fein hacken und in einer Pfanne mit Olivenöl glasig dünsten. Blattspinat dazugeben, salzen, pfeffern und mit Joghurt und klein gewürfeltem Schafskäse gut abrühren.

SCHRITT 5: Die Palatschinken mit der Fülle bestreichen, einrollen und auf mariniertem Blattsalat servieren.

400 g	Blattspinat
1	kleine Zwiebel
etwas	Olivenöl
	Salz
	Pfeffer
1	Knoblauchzehe
3 EL	abgetropftes Magerjoghurt
50 g	fettarmer Schafskäse

Tipp *Je nach Jahreszeit eignen sich auch Gemüsesorten wie Zucchini oder Broccoli.*

Tipp *Sie können daraus auch ein Eiweiß-betontes Gericht machen, indem Sie rohe Schollenfilets oder rohe dünne Putenfilets mit der Spinatfülle füllen (ohne Palatschinken) und in einer Auflaufform im Backrohr fertig garen. Dann ist das Rezept für Phase I bestens geeignet.*

Krautstrudel (Ausnahme)

SCHRITT 1: Strudelteig: Vollkornmehl, Salz, Öl und Wasser vermischen und zu einem Teig verkneten. Den Strudelteig 30 Minuten rasten lassen.

125 g	Vollkornmehl
1 Prise	Salz
3 EL	Rapsöl
⅛ l	Wasser

FÜLLE

SCHRITT 2: Das Kraut zerkleinern und die Zwiebel würfelig scheiden. Beides in Zitronensaft anschwitzen, Agavensirup zugeben, würzen und weich dünsten. Vollkorngrieß einmengen.

SCHRITT 3: Den Strudelteig auf einem bemehlten Leinentuch ausrollen, mit Fülle belegen und einrollen. Den Krautstrudel im Heißluftrohr bei 150 °C ca. 40 bis 50 Minuten backen.

SCHRITT 4: Den Strudel in Stücke schneiden und mit Joghurtdressing servieren.

500–600 g	Kraut
1	Zitrone (Saft)
1	Zwiebel
1 TL	Agavensirup
	Salz
	Pfeffer
25 g	Vollkorngrieß
	Mehl

250 g	Magerjoghurt
etwas	Salz
½ Bd.	klein geschnittener Schnittlauch

Tipp *Natürlich kann man auch fertige Vollkornstrudelblätter verwenden.*

Geröstete Hühnerleber

SCHRITT 1: Die Zwiebeln schälen fein schneiden und mit Rapsöl goldgelb rösten. Die Hälfte der gerösteten Zwiebeln mit dem Pürierstab pürieren.

SCHRITT 2: Die Leber vierteln, dazugeben und mit Pfeffer und Majoran würzen. Noch nicht salzen, sonst bleibt die Leber hart. Mehrmals wenden.

SCHRITT 3: Die Äpfel schälen, teilen, vom Kerngehäuse befreien und mitdünsten. Mit etwas Wasser aufgießen, kurz vor dem Servieren die pürierten Zwiebeln zugeben, salzen und mit gehackter Petersilie bestreuen.

250 g	Hühnerleber
2	Zwiebeln
2	Äpfel
etwas	Rapsöl
	Majoran
	Salz
	Pfeffer
	gehackte Petersilie

Schweinsbraten mit Sauerkraut

(4 Personen)

700 g	Schweinskarree (ohne Schwarte)
	Kümmel
	Salz
3	Knoblauchzehen

Schritt 1: Das Fleisch kurz waschen und salzen. Mit gepresstem Knoblauch einreiben und mit Kümmel bestreuen.

Schritt 2: Etwas Wasser in eine Pfanne geben und das Fleisch mit der schönen Seite nach unten hineinlegen. Bei mittlerer Hitze im Backrohr zugedeckt braten. Die Bratdauer beträgt ungefähr 1,5 bis 2 Stunden. Während des Bratens wiederholt mit eigenem Saft begießen und eventuell auch Wasser nachgießen. Nach halber Bratdauer das Fleisch wenden und die letzte halbe Stunde abgedeckt braten.

Schritt 3: Das Fleisch herausnehmen, in Scheiben schneiden und mit Sauerkraut servieren.

Sauerkraut

500 g	Sauerkraut
5	Wacholderbeeren
etwas	Kümmel
1	klein geschnittene Zwiebel
2 EL	Rapsöl
1	kleines Stück Speck zum Mitdünsten

Schritt 4: Die Zwiebel klein schneiden und in Rapsöl glasig dünsten. Das Sauerkraut, Kümmel, Speck und Wacholderbeeren hinzufügen, mit Wasser aufgießen und weich dünsten. Es ist keine Einbrenn notwendig! Den Speck am Ende der Kochzeit wieder herausnehmen.

Tipp *Wenn Sie ein Stück Speck mitdünsten, verleiht dieser dem Sauerkraut einen besonders guten Geschmack.*

Rindereintopf (4 Personen)

SCHRITT 1: Die Zwiebeln klein schneiden und in einer Pfanne mit wenig Olivenöl glasig dünsten. Faschiertes zugeben und oftmals umrühren. Tomatenmark, Paprikapulver und geschälte Tomaten beifügen und dünsten lassen.
SCHRITT 2: Mit Gemüsebrühe aufgießen und die gut abgespülten Bohnen und die Kichererbsen zufügen. Mit Salz, Pfeffer und Chili abschmecken und noch 10 Minuten schmoren lassen. Zuletzt die klein geschnittenen Pfefferoni beifügen und den Rindereintopf in Suppenteller servieren.

300 g	Rinderfaschiertes
3	Zwiebeln
2 TL	Olivenöl
2 TL	scharfes Tomatenmark
2 TL	Paprikapulver
2 Dosen	geschälte Tomaten
1 Dose	rote Kidneybohnen (400 g)
100 g	gekochte Kichererbsen
4	milde Pfefferoni oder
2	Paprikaschoten
	Chili
etwas	Gemüsebrühe
	Salz
	Pfeffer

Tipp *Dieses Gericht eignet sich auch bestens zum Einfrieren.*

Maronicreme mit Marillensauce

SCHRITT 1: Das Maronipüree, Agavensirup, Créme Fraiche und den Rum mit einem Handmixer fein aufschlagen. Die Schokolade im Wasserbad erweichen und ebenfalls dazugeben. In Dessertschalen gießen.
SCHRITT 2: Marillenmarmelade mit etwas Wasser in einer Kasserolle leicht erhitzen, dann abkühlen lassen und über die Creme gießen. Einige Stunden kalt stellen.

100 g	Maronipüree ohne Zucker
50 g	Créme Fraîche
30 g	Schokolade (mit 85 % Kakaoanteil)
1 Stamperl	Rum
1–2 EL	Agavensirup
	Marillenmarmelade (mit 70 % Fruchtanteil)

Wiener Schokoladenkuchen

Schritt 1: Eier trennen. Vollzucker oder Agavensirup und Dotter schaumig rühren. Haselnüsse, Inländer Rum und Backpulver sowie die über Dunst erwärmte Schokolade unterrühren.
Schritt 2: Zuletzt Eiklar mit einer Prise Salz sehr steif schlagen und vorsichtig unterheben. In eine mit Backpapier ausgelegte Form streichen und bei 170 °C backen.
Schritt 3: Das Backpapier abziehen, in der Mitte durchschneiden und mit Marmelade füllen und wieder zusammensetzen.

90 g	Vollzucker oder Agavensirup
5	Eidotter
200 g	geriebene Haselnüsse
40 g	Schokolade (mit 70 % Kakaoanteil)
5	Eiklar
1 Prise	Salz
1 EL	Inländer Rum
½ Pkg.	Backpulver
	Marmelade (mit 70 % Fruchtanteil)

Tipp *Die Kuchenmasse eignet sich auch für eine Rehrückenform. Kuchen aus der Form stürzen und mit Schokolade glasieren und mit geschälten und gestiftelten Mandeln dekorieren.*

Info *Der Kuchen wird nicht sehr hoch.*

Mohnnudeln mit Apfelmus

Schritt 1: Vollkornbandnudeln al dente kochen und abseihen. In einer Pfanne dem Mohn anrösten, die Nudeln zugeben und nach Belieben mit Vollzucker zuckern.
Schritt 2: Apfelmus mit Agavensirup süßen und mit den Mohnnudeln servieren.

80 g	Vollkornbandnudeln
40 g	Mohn
1–2 EL	Vollzucker
250 g	ungesüßtes Apfelmus
1 TL	Agavensirup

Rindercarpaccio mit Endiviensalat und Sesammus

SCHRITT 1: Den gewaschenen und klein geschnittenen Endiviensalat mit Olivenöl, frisch gemahlenen roten und schwarzen Pfefferkörnern und etwas Balsamico marinieren und auf 2 Tellern anrichten.
SCHRITT 2: Rindslungenbraten fein aufschneiden, darauf legen und mit Sesammus garnieren.

140 g	leicht angefrorener Rindslungenbraten
80 g	Endiviensalat
	Olivenöl
	Salz
	Pfeffer (aus der Mühle)
1 EL	Sesammus

Avocado-Orangen-Salat

SCHRITT 1: Die Orange gut schälen, damit nichts Weißes dranbleibt, und in Scheiben teilen. 2 Scheiben davon auspressen und den Saft auffangen.
SCHRITT 2: Die geschälte Zwiebel in Ringe schneiden. Avocado halbieren, Kern herausnehmen, Fruchtfleisch schälen und in Würfel schneiden. Olivenöl und Orangensaft verrühren, mit Salz und Pfeffer würzen und damit die Avocadowürfel marinieren.
SCHRITT 3: Avocadosalat anrichten, Orangenfilets und Zwiebelringe darauf verteilen. Mit Kresse garnieren.

1	Orange
1	reife Avocado
1	kleine rote Zwiebel
1 EL	Olivenöl
	Kresse
	Salz
	Pfeffer (aus der Mühle)

Kichererbsensuppe

SCHRITT 1: Zwiebel fein hacken, Lauch in feine Ringe schneiden und in Olivenöl glasig dünsten. Danach mit Gemüsebrühe aufgießen.
SCHRITT 2: Die gut abgespülten gekochten Kichererbsen 15 Minuten mit der Gemüsebrühe köcheln lassen, pfeffern und salzen.
SCHRITT 3: Die zerdrückten Knoblauchzehen und Oregano beigeben. Danach im Stabmixer pürieren, mit Sesammus verfeinern und mit frisch geriebenem Parmesan bestreuen.

200 g	Kichererbsen (aus der Dose)
½ Stange	Lauch
1	Zwiebel
1 EL	Olivenöl
2	Knoblauchzehen
ca. ½ l	Biogemüsebrühe
etwas	Oregano
	Petersilie
1 TL	Sesammus
	Salz
	Pfeffer
	geriebener Parmesan

Tipp *Weichen Sie getrocknete Kichererbsen über Nacht in Wasser ein. Anschließend kochen Sie diese mindestens 1 Stunde ohne Salz weich.*

Linsen mit Tomaten

SCHRITT 1: Rote Linsen in reichlich Salzwasser ca. 25 bis 30 Minuten gar kochen. Zitronensaft in einer Pfanne erhitzen und die klein geschnittene Zwiebel, Petersilie, zerdrückten Knoblauch, klein geschnittenen Thymian und den in dünne Streifen geschnittenen Sellerie darin andünsten.
SCHRITT 2: Die Linsenmischung zu den Tomaten geben und mit Salz und Pfeffer abschmecken. Das Ganze in eine feuerfeste Form füllen und bei 130 °C 25 Minuten im Backrohr backen.

250 g	rote Linsen
1	Knoblauchzehe
1	Zwiebel
1 EL	Petersilie
1 Zweig	Thymian
1 Dose	geschälte und gehackte Tomaten
2 Stängel	Stangensellerie
	Salz
	Pfeffer
1 TL	Zitronensaft

Tipp *Sie können noch Tofuwürfel unter die Linsenmischung geben.*

Welsfilet in Krenkruste mit Erbsencreme

SCHRITT 1: Den Sellerie schälen und fein raspeln. Anschließend mit Kren, Salz, Pfeffer und dem aufgeschlagenen Eiklar vermengen.
SCHRITT 2: Die Welsfilets salzen und pfeffern und in Rapsöl von beiden Seiten kurz anbraten.
SCHRITT 3: Die vorbereitete Krenmasse auf die Filets streichen und im vorgeheizten Backrohr mit Oberhitze ca. 5 Minuten fertig garen.

2	Welsfilets (à 150 g)
etwas	Rapsöl
1 EL	Kren
1	Sellerie
½	Eiklar
1 EL	Petersilie
	Salz
	Pfeffer

ERBSENCREME

SCHRITT 4: Die Erbsen mit Biogemüsebrühe aufgießen. Mit dem Stabmixer pürieren und mit Olivenöl, Salz und Pfeffer abschmecken.
Je ein Welsfilet mit Erbsencreme anrichten.

250 g	Erbsen
¼ l	Biogemüsebrühe
1 EL	Olivenöl
	Salz
	Pfeffer

Rindsrouladen mit Dillfisolen

	Rindsschnitzel
1 EL	Senf
2	Zwiebeln
2	Essiggurkerln
2 Scheiben	luftgetrockneter Wacholderschinken
2 EL	Olivenöl
1/16 l	Rotwein
1/4 l	Gemüsebrühe
	Salz
	Pfeffer
1 Bd.	Dille
400 g	Fisolen
1	kleine Zwiebel
	Gemüsebrühe
2 EL	Sauerrahm

SCHRITT 1: Rindsschnitzel mit Salz und Pfeffer würzen und auf einer Seite mit Senf bestreichen. Eine Zwiebel in Spalten und die Essiggurkerln in Streifen schneiden. Die andere Zwiebel fein hacken. Je einen Wacholderschinken, einen Gurkenstreifen und eine Zwiebelspalte auf das Fleisch legen, zusammenrollen und mit Zahnstochern fixieren.

SCHRITT 2: Rouladen in Olivenöl anbraten und herausnehmen. In Öl die Zwiebelwürfel anschwitzen, mit Rotwein ablöschen und mit Gemüsebrühe aufgießen. Rouladen im Saft bei schwacher Hitze ca. 40 Minuten zugedeckt schmoren lassen.

SCHRITT 3: Fisolen putzen, waschen und klein schneiden. In gesalzenem Wasser bissfest kochen, kalt abschrecken und abtropfen lassen. Die klein gehackte Zwiebel in wenig Olivenöl anrösten, Fisolen beigeben, salzen, pfeffern und mit wenig Gemüsebrühe aufgießen. Die klein gehackte Dille untermengen, mit Sauerrahm verfeinern und zu den Rindsrouladen servieren.

Bratapfel mit Himbeermarmelade

2	große Äpfel
50 g	Himbeermarmelade (mit 70 % Fruchtanteil)
20 g	gehackte Mandeln
20 g	getrocknete, gehackte Marillen
etwas	Zimt
2 EL	Rum

SCHRITT 1: Marmelade zusammen mit den klein gehackten Mandeln, gehackten Marillen, Zimt und Rum in eine Schüssel geben und gut durchmischen.

SCHRITT 2: Die Äpfel waschen, mit einem Kernausstecher das Gehäuse entfernen und den Hohlraum mit der Masse füllen. Im Rohr bei 200 °C so lange braten, bis die Haut ein wenig aufplatzt.

Schokofeigen, Schokozwetschken und Schokomarillen

	Dörrfeigen
	Dörrmarillen
	Dörrzwetschken
	Schokolade (mit mindestens 70 % Kakaoanteil)
2 EL	Rum

SCHRITT 1: Schokolade und Rum im Wasserbad schmelzen lassen und die getrockneten Früchte darin eintauchen. Mit einem Zahnstocher aufspießen, auf eine Orange setzen und trocknen lassen.

Tipp *Dieses feine und gesunde Dessert eignet sich bestens anstelle der herkömmlichen Weihnachtsbäckereien.*

Das Weihnachtsmenü in Phase I

Saisonale Empfehlung:
Neben Weihnachtsbaum und weihnachtlicher Dekoration sorgt der Geruch von Zimt, Nüssen, Mandeln und Gewürznelken für eine weihnachtliche Stimmung.

Geräucherte Forelle auf Vogerlsalat und Krensauce

Schritt 1: Magerjoghurt abtropfen lassen, mit frisch geriebenem Kren und Schnittlauch vermengen und nur ganz leicht salzen.
Schritt 2: Die geräucherte, filetierte Forelle auf Vogerlsalat anrichten und mit der Krensauce garnieren.

140 g	geräuchertes Forellenfilet
1 TL	Kren
3 EL	Magerjoghurt oder Sojajoghurt
	Salz
80 g	Vogerlsalat
	klein geschnittener Schnittlauch

Gelbes Linsensülzchen mit Lachskaviar

Schritt 1: Zwiebel schälen und klein hacken. In einem Topf Wasser erhitzen und die gewaschenen Linsen, die Zwiebel und das Lorbeerblatt hineingeben und ca. 25 Minuten kochen. Kein Salz zufügen, da die Linsen sonst nicht weich werden. Linsen bis auf ein Drittel des Wassers abseihen, salzen und das Lorbeerblatt entfernen.
Schritt 2: Gelatine in kaltem Wasser einweichen, leicht ausdrücken und in die noch warme Linsensuppe einrühren, bis sich die Gelatine ganz aufgelöst hat.
Schritt 3: Die Linsen in 2 Dessertschälchen füllen und mindestens 3 Stunden in den Kühlschrank stellen. Die Linsensülzchen mit etwas Balsamicoessig und Rapsöl beträufeln und mit Lachskaviar und Kresse garnieren.

50 g	gelbe Linsen
½	kleine Zwiebel
1	Lorbeerblatt
2 Blatt	Gelatine (oder 2 g Agar Agar)
2 TL	Lachskaviar
	Kresse
	Salz
	Pfeffer (aus der Mühle)
einige	Tropfen alter Balsamicoessig
	Rapsöl

Weihnachtskarpfen aus dem Waldviertel mit Lauchgemüse (4 Personen)

SCHRITT 1: Die Karpfenstücke trocken tupfen, mit der Marinade einreiben und mindestens 5 Stunden in den Kühlschrank stellen. Danach salzen, pfeffern und im Backrohr auf einer Alufolie braten.

SCHRITT 2: Die Enden des Lauchs abschneiden, in 3 cm lange Stücke schneiden und bissfest kochen. Anschließend salzen und mit Parmesan bestreuen. Die Karpfenstücke mit Zitronenscheiben, Lauchgemüse und Endiviensalat servieren.

1	portionierter Karpfen (ca. 1,5 kg)
1	Zitrone
600 g	Lauch
	geriebener Parmesan
	Salz
	Pfeffer

Marinade

125 ml	Rapsöl
5	Knoblauchzehen
3 EL	Paprikapulver, edelsüß

Mousse au Chocolat von Michel Montignac

150 g	Schokolade (mit mindestens 70 % Kakaogehalt)
1 Msp.	Zimt
1	Stamperl brauner Rum
1 TL	löslicher Kaffee
3	große, frische Eier
½	unbehandelte Orange
1 Prise	Salz
2 TL	Agavensirup

Schritt 1: Löslichen Kaffee in 50 ml heißem Wasser auflösen. Schokolade zerkleinern und mit dem Kaffee und Rum im Wasserbad auflösen. Gut vermengen und so lange rühren, bis die Schokolademasse cremig ist.

Schritt 2: Orange waschen, abtrocknen und von der obersten Schicht der Schale etwas mit einer feinen Reibe raspeln. Die Hälfte der abgeriebenen Orangenschale zur Schokolade geben und verrühren.

Schritt 3: Eier trennen. Eiklar mit 1 Prise Salz mit dem Mixer steif schlagen. Eidotter und Agavensirup zur Schokolade geben und vermengen, bis eine gleichmäßige Creme entsteht. Eischnee mit einem Löffel vorsichtig unter die Schokoladenmasse heben und gut vermengen.

Schritt 4: Mousse in Portionsschälchen geben und mit der restlichen abgeriebenen Orangenschale garnieren. Vor dem Servieren mindestens 5 Stunden in den Kühlschrank stellen.

Info *Das Originalrezept von Michel Montignacs berühmter Mousse au Chocolat! Mit einer kleinen Änderung: Agavensirup statt Zucker, da das Originalrezept für den Wiener Geschmack vielleicht zu wenig süß wäre.*

Eine kleine Auswahl an Weihnachtsköstlichkeiten für Phase I

Mandarinen-Orangen-Salat

Schritt 1: Orange und Mandarinen schälen, in Scheiben teilen und die Haut vorsichtig abziehen. Kiwis schälen, in Scheiben schneiden und nochmals vierteln. Granatapfel teilen, die Kerne herauslösen und mit dem Obst in eine Glasschüssel geben.

Schritt 2: Mit Weißwein übergießen und einige Stunden im Kühlschrank ziehen lassen. In Dessertgläsern anrichten und servieren.

2	Mandarinen
1	Orange
2	Kiwis
1	Granatapfel
100 ml	trockener Weißwein
evtl.	Agavensirup

Nusskugeln

Schritt 1: Eiklar mit einer Prise Salz zu festem Schnee schlagen. Geriebene Schokolade, Agavensirup, Zitronensaft und Nüsse untermischen und zu Kugeln formen.

Schritt 2: In Kokosflocken wälzen und in Papierschälchen (Papierkapseln) setzen.

1	Eiklar
1 Prise	Salz
30 g	geriebene Schokolade (mit 70 % Kakaoanteil)
120 g	geriebene Nüsse (Wal- oder Haselnüsse)
2 EL	Agavensirup
2 EL	frischer Zitronensaft
	Kokosflocken

Kletzenkuchen

300 g	Dörrbirnen
100 g	Dörrzwetschken
30 g	grob gehackte Walnüsse
1 EL	Inländer Rum
1 Msp.	Zimt
1 Msp.	Gewürznelkenpulver
2	ganze Eier
1	Eiklar
100 g	Sojacreme
150 g	fein geriebene Mandeln

Schritt 1: Dörrbirnen, Dörrzwetschken (ohne Kern) in kleine Würfel schneiden, mit Rum anfeuchten und Haselnüsse und Zimt beifügen.

Schritt 2: Eiklar mit einer Prise Salz steif schlagen, Eidotter sehr schaumig rühren und die geriebenen Mandeln und die Sojacreme einrühren. Die geschnittenen Trockenfrüchte hinzufügen und zum Schluss den steif geschlagenen Schnee vorsichtig unterheben.

Schritt 3: Die Teigmasse in eine mit Backpapier ausgelegte Wandelform füllen und im Backrohr bei 160 °C ca. 40 Minuten backen.

Das Weihnachtsmenü in Phase II

Lachstartar auf Endivienblätter

SCHRITT 1: Lachs in kleine Stücke schneiden. Die Zwiebel in Ringe zerteilen und die Dille fein hacken. Alles zusammen mischen und mit Senf abschmecken.
SCHRITT 2: In kleine Portionen auf die gewaschenen und zerkleinerten Endivienblätter setzen.

200 g	geräucherter Wildlachs
1	kleine rote Zwiebel
1 Bund	Dille
etwas	Senf
einige	Endivienblätter

Avocadocremesuppe

SCHRITT 1: Zwiebel klein schneiden. Avocado halbieren, Kern herausnehmen und alles mit Zitronensaft und Gemüsebrühe im Stabmixer pürieren.
SCHRITT 2: Zuletzt mit Sojacreme, Chilipfeffer, Tabasco und Salz würzen. Die Suppe in kleinen Schälchen kalt servieren und mit Schnittlauchröllchen garnieren.

1	reife Avocado
½	Zitrone (Saft)
1	kleine Zwiebel
1 EL	Sojacreme
1 Msp.	Chilipfeffer
1	Spritzer Tabasco
ca. ¼ l	Gemüsebrühe
	Schnittlauch

Weihnachtsgans mit gefüllten Äpfeln und Rotkraut (4 Personen)

1	Freilandgans
4	Äpfel
4	Gewürznelken
8	Pflaumen
	Salz
	Pfeffer
2–3 TL	Majoran
	naturtrüber Apfelsaft

SCHRITT 1: Äpfel vom Kerngehäuse befreien und jeweils mit 2 Pflaumen füllen und mit einer Gewürznelke spicken.

SCHRITT 2: Die Freilandgans waschen, mit Küchenkrepp trocken tupfen und innen und außen mit Majoran einreiben. Salzen, pfeffern und mit den mit Gewürznelken gespickten und gefüllten Äpfeln füllen. Die Öffnung mit Holzstäbchen zustecken und die Gans in eine große Pfanne mit der Brust nach unten legen und im Backofen braten. Bei einer Gans mit 4 kg rechnet man mit einer Bratzeit von ungefähr 2,5 Stunden bei 180 bis 200 °C. Nach der Hälfte der Bratzeit die Gans wenden und immer wieder mit mit Wasser verdünntem Apfelsaft begießen.

SCHRITT 3: Die Gans aufschneiden, tranchieren und mit jeweils einem gefüllten Apfel und Rotkraut servieren.

Info *Gänse- und Entenfett zeichnen sich durch einen hohen Anteil an einfach ungesättigten Fettsäuren aus.*

Altwiener Schokoladentorte mit Schneeflocken

SCHRITT 1: Dotter und Vollzucker (oder Agavensirup) schaumig rühren. Schokolade und Rum über Dunst erweichen. Zimt, Mark der Vanilleschote und löslichen Kaffee beifügen und langsam in die Eimasse einrühren. Danach die Haselnüsse und Mandeln mit dem Backpulver untermengen. Zuletzt den mit einer Prise Salz steif geschlagenen Schnee unterheben.

SCHRITT 2: Die Masse in eine leicht befette Springform füllen und im vorgeheizten Backrohr erst ca. 30 Minuten bei 180 °C backen, dann bei 170 °C fertig backen

SCHRITT 3: Aus der Springform nehmen, mit Ribiselmarmelade bestreichen und mit Kokosflocken bestreuen.

6	Eidotter
6	Eiklar
120 g	geriebene Haselnüsse
40 g	geriebene Mandeln
120 g	Vollzucker oder Agavensirup
100 g	Schokolade (mit mindestens 70 % Kakaoanteil)
1 Msp.	Zimt
2 EL	Rum
1 Msp.	löslicher Kaffee
	Mark von einer Vanilleschote
1 Pkg.	Backpulver
	Salz

Glasur

	Marillenmarmelade (mit 70 % Fruchtanteil)
	Kokosraspeln

Weinchaudeau (Ausnahme)

Schritt 1: Eier, Fruchtzucker und Wein in einer Schüssel über Dunst dickschaumig aufschlagen. In Dessertgläser füllen, mit Beeren dekorieren und sofort servieren.

¼ l	trockener Weißwein
4	frische Eidotter
1	Ei
90 g	feiner Fruchtzucker
	rote Beeren

Info *Stellen Sie das Weinchaudeau ein paar Stunden in den Kühlschrank, so erhalten Sie einen sehr delikaten Weinpudding ganz ohne Stärke!*

Früchte-Nuss-Konfekt

SCHRITT 1: Alle Früchte faschieren (mittelfein) oder sehr klein schneiden und mit den geriebenen Nüssen, Agavensirup, Rum und der Schokolade zu einer festen Masse vermischen.
SCHRITT 2: Daraus Kugeln formen und erst in zerlassener Schokolade, danach in Kokosflocken wälzen und auf Papier gut trocknen lassen.

150 g	Dörrzwetschken
150 g	Feigen
150 g	Dörrmarillen
150 g	geriebene Walnüsse
2 EL	Agavensirup
etwas	Rum
70 g	geriebene Schokolade (mit mindestens 70 % Kakaoanteil Kokosflocken)

Schokotaler

SCHRITT 1: Nüsse mit Heidelbeeren vermischen. Schokolade mit dem Kokosfett über dem Wasserbad schmelzen lassen.
SCHRITT 2: Mit einem Löffel auf ein Backpapier Schokoladetaler setzen und mit Nüssen und Heidelbeeren großzügig bestreuen.

250 g	Schokolade (mit mindestens 70 % Kakaogehalt)
1,5 EL	Kokosfett
75 g	getrocknete Heidelbeeren
75 g	grob gehackte Nüsse (am besten Walnüsse und Haselnüsse gemischt)

Tipp *Anstelle der getrockneten Heidelbeeren können Sie auch Cranberrys oder andere getrocknete Beeren wählen.*

Früchtelebkuchen

Schritt 1: Roggenmehl, Agavensirup, Natron, Lebkuchengewürz in einer Schüssel vermischen. Nüsse und Zitronat dazugeben. Eier einrühren und alles zu einem Teig verkneten. Anschleißend den Teig über Nacht rasten lassen.
Schritt 2: Teig auf einem bemehlten Brett ausrollen, Förmchen ausstechen und auf ein Blech legen. Mit Eiklar bestreichen und mit Mandeln, Nüssen oder Früchten belegen. Bei 190 °C hell backen.

250 g	Roggenmehl
100 g	Agavensirup
1 KL	Natron
½ Pkg.	Lebkuchengewürz
50 g	gehacktes Zitronat
50 g	getrocknete Waldbeeren
50 g	gehackte Haselnüsse
3	Eier
Glasur	
	Eiklar zum Bestreichen
	Mandeln und gehackte Nüsse zum Belegen

Marillenkonfekt

Schritt 1: Die getrockneten Marillen waschen, mit Rum, frisch gepresstem Orangensaft und Agavensirup vermischen und über Nacht ziehen lassen.
Schritt 2: Am nächsten Tag die Marillen faschieren und mit ca. 2/3 der Kokosraspeln und der fein geriebenen Zitronenschale vermischen. Masse 2 Stunden kühl stellen, danach Kugeln formen und in restlichen Kokosraspeln wälzen.

250 g	getrocknete Marillen
2 EL	Rum
3 EL	frisch gepresster Orangensaft
	Schale einer Biozitrone
250 g	Kokosraspeln
2–3 EL	Agavensirup

Nussbusserln

Schritt 1: Eiklar mit einer Prise Salz sehr steif schlagen. Fruchtzucker einarbeiten, Mandelöl und Nüsse und die geriebene Schokolade unterheben.
Schritt 2: Kleine Häufchen auf ein mit Backpapier ausgelegtes Backblech setzen und im vorgeheizten Backrohr 10 bis 15 Minuten bei mittlerer Hitze backen.

2	Eiklar
1 Prise	Salz
80 g	Fruchtzucker
2	Tropfen Mandelöl
110 g	Walnüsse
1 EL	geriebene Schokolade (mit 70 % Kakaoanteil)

Walnusschnecken (Ausnahme)

Schritt 1: Milch, Fruchtzucker und Germ in ein kleines Gefäß hineinbröseln und warm stellen. Aufgehen lassen und in den Teig aus Mehl, Margarine und Ei mischen. Eine Rolle formen und eine Stunde rasten lassen.
Schritt 2: Eiklar mit einer Prise Salz steif schlagen und Agavensirup und geriebene Nüsse untermischen.
Schritt 3: Den Teig und die Fülle jeweils in 3 Teile teilen. Eine Teigmasse auf einem bemehlten Nudelbrett ausrollen, mit der Nussfülle bestreichen, zusammenrollen und in 1 cm breite Scheiben schneiden. Auf ein mit Backpapier belegtes Backblech setzen und bei 180 °C backen.

250 g	glattes Vollkornmehl
140 g	Margarine
	Salz
1	Ei
15 g	Germ
1 EL	Milch
3 TL	Fruchtzucker
Fülle	
250 g	geriebene Walnüsse
130 g	Agavensirup
4	Eiklar

Omas Zimtkarten (Ausnahme)

Aus dem handgeschriebenen Kochbuch meiner Großmutter Theresia Santruschitz

175 g	Vollkornmehl
100 g	Fruchtzucker
30 g	Margarine
1	Ei
3	gestoßene Gewürznelken
2 TL	Zimt
	Walnüsse zum Verzieren

SCHRITT 1: Alle Zutaten zu einem Teig formen und 2 Stunden rasten lassen. Danach den Teig auf einem bemehlten Brett ausrollen und Kartenformen daraus ausstechen.

SCHRITT 2: Auf jede ausgestochene Form ein kleines Stückchen Walnuss setzen und leicht in den Teig drücken. Im Backrohr bei mittlerer Hitze kurz backen.

Haselnussbusserln

Schritt 1: Eiklar und Salz halbsteif schlagen, Fruchtzucker langsam einrieseln lassen und steif schlagen. Restliche Zutaten mischen und unter den Eischnee heben.

Schritt 2: Auf jede Oblate ein kleines Häufchen setzen und bei 170 °C im vorgeheizten Backrohr ca. 20 Minuten goldgelb backen.

3	Eiklar
1 Prise	Salz
100 g	Fruchtzucker
200 g	geriebene Haselnüsse
50 g	geriebene Mandeln
1 TL	Instant-Kaffeepulver
½ TL	Zimt
ca. 30	kleine Oblaten

Pistazienbusserln

Schritt 1: Eiklar mit einer Prise Salz und dem Zitronensaft steif schlagen. Pistazien-Zucker-Gemisch vorsichtig untermischen.

Schritt 2: Kleine Häufchen bilden, auf eine Oblate setzen und mit einer Pistazie verzieren. Im vorgeheizten Backrohr bei 150 °C ca. 30 Minuten backen. Eventuell die Ofentür mit einem Kochlöffel geöffnet lassen.

250 g	geriebene Pistazien
120 g	Fruchtzucker
	geriebene Schale einer Biozitrone
3	Eiklar
1 Prise	Salz
ca. 45	kleine Oblaten
ca. 45	Pistazienkerne

Hausfreund nach Großmutters Rezept

3	Eier
3 Eier schwer	Agavensirup oder Vollzucker
3 Eier schwer	getrocknete Waldbeeren
3 Eier schwer	gehackte Mandeln
3 Eier schwer	Vollkornmehl
etwas	Rum

Schritt 1: Eidotter und Agavensirup schaumig rühren. Rum, getrocknete Waldbeeren und Mandeln unterheben. Das Vollkornmehl und ganz zum Schluss den mit einer Prise Salz steif geschlagenen Schnee vorsichtig unter die Masse heben und auf ein befettetes Backblech streichen.

Schritt 2: Im vorgeheizten Backrohr bei 180 °C goldgelb backen und noch warm in Streifen schneiden.

Tipp *Anstelle der Waldbeeren eignen sich bestens klein geschnittene getrocknete Früchte.*

Info *„3 Eier schwer" ist eine alte Rezeptangabe für Biskuitmassen und berücksichtigt die unterschiedliche Größe der Eier.*

Nusstorte

Rezept von meiner Mutter Leopoldine Käfer

8	Eidotter
120 g	Agavensirup oder Vollzucker
70 g	geriebene Nüsse
50 g	geriebene Haselnüsse
20 g	geschälte und geriebene Mandeln
2 EL	Rum
½ Pkg.	Backpulver
8	Eiklar
1 Prise	Salz

Schritt 1: Eiklar mit einer Prise Salz sehr steif schlagen. Dotter und Agavensirup oder Vollzucker schaumig rühren. Nach und nach Nüsse, Rum, Haselnüsse und Mandeln mit dem Backpulver vorsichtig einrühren. Zuletzt den Schnee vorsichtig unterheben.

Schritt 2: In eine mit Backpapier ausgelegte Tortenform füllen und im vorgeheizten Backrohr ca. 25 Minuten bei 170 °C und ca. 10 Minuten bei 150 °C backen. Nach Belieben füllen.

Tipp *Mit Agavensirup zubereitete Torten werden etwas niedriger als Torten, die mit Vollzucker gebacken werden.*

Feine Mandeltorte

SCHRITT 1: Eier trennen. Dotter, Rum, Vollzucker oder Agavensirup schaumig rühren, geriebene Mandeln mit Backpulver langsam einrühren. Zuletzt den mit einer Prise Salz steif geschlagenen Schnee unterheben und in eine mit Backpapier ausgelegte Springform füllen.

SCHRITT 2: Im vorgeheizten Backrohr backen, davon 10 Minuten bei 190 °C, restliche Zeit zwischen 160 und 180 °C.

220 g	geriebene Mandeln
6	Eier
1 Prise	Salz
140 g	Vollzucker oder Agavensirup
½ Pkg.	Backpulver
1 Msp.	Zimt
1 EL	Rum
	Himbeermarmelade (mit 70 % Fruchtanteil)
1 Hand	voll Mandelsplitter
einige	Rosenblüten

GLASUR

SCHRITT 3: Himbeermarmelade erhitzen und die noch warme Torte damit bestreichen. Mit Mandelsplittern und frischen Rosenblättern dekorieren.

Tipp *Anstelle der Mandeln können Sie auch Haselnüsse verwenden.*

Resümee

Wie Sie inzwischen gesehen haben, ist die Montignac-Methode eine Ernährungsform, bei der es nicht ums Kalorienzählen geht! Dagegen decken sich einige wesentliche Punkte mit traditionellen Ernährungslehren. Auch Montignac rät etwas davon ab, abends ausgiebig zu essen und ist völlig im Einklang mit unserem alten Sprichwort: „Zum Frühstück sollst du essen wie ein König, zu Mittag wie ein Edelmann und am Abend wie ein Bettler." Die Aufnahme von größeren Mengen Speisen kurz vor dem Schlafen ist deshalb kontraproduktiv, weil dadurch die Ausschüttung des Wachstumshormons – das ausschließlich in der Nacht erfolgt – behindert wird. Dieses Hormon ist aber gerade für die Verstoffwechslung bzw. Fettverbrennung mitverantwortlich. Wenn Sie ein Abendessen zu sich nehmen wollen, dann tun Sie das daher so früh, so wenig und so fettarm wie möglich und vor allem verzichten Sie auf große Mengen an Kohlenhydraten.

Montignac kreierte eine Fülle von Rezepten, die natürlich vom französischen Kulturkreis geprägt sind. Unsere Wiener Küche wurde in Montignacs Büchern bisher nicht berücksichtigt. Da ich eine große Anhängerin der traditionellen Wiener Küche bin, war es mir ein Anliegen, diese mit der Montignac-Methode zu verbinden. Wie Montignac habe ich auf leichte Umsetzbarkeit geachtet und bewusst sehr vereinfachte Rezepte gewählt, da im heutigen Leben unaufwändiges Kochen gefragt ist und niemand mehr die Muße hat, nach einem hektischen Arbeitstag noch „groß aufzukochen". Mit diesen „schnellen" Rezepten möchte ich viele Kochmuffel zum Kochen motivieren. Denn ohne Kochen geht es leider nicht. Und vergessen Sie bitte nicht, keine Hauptmahlzeit auszulassen und schon gar nicht ohne Frühstück in den Arbeitstag zu starten! Der Körper rächt sich sonst.

Alle Rezepte entsprechen einem ausgewogenen Ernährungskonzept. Achten Sie daher auch auf die Verwendung von regionalen und saisonalen Lebensmitteln und kaufen Sie nach Möglichkeit Bioprodukte. Warum Kiwis kaufen, wenn es zum Beispiel frische, heimische Brombeeren gibt, die ohne großen Transportweg in die Regale gelangen und dadurch frischer sind und mehr

Vitamine aufweisen als weit gereiste Früchte. Allein die Qualität bei der Auswahl der Lebensmittel sollte zählen!

Da mir unsere Wiener Mehlspeisenküche besonders wichtig war, habe ich ein paar Ausnahmen gemacht. Michel Montignac als Franzose liebt Gänseleber und Austern. In Österreich stehen diese Speisen selten auf dem Speiseplan, dafür aber lieben die ÖsterreicherInnen ihre wunderbaren Mehlspeisen.

Was den Sport anlangt, ist Montignac der Meinung, dass der Energieverbrauch durch Sport nicht im Vordergrund stehen sollte. Es ist jedoch wissenschaftlich erwiesen, dass der Energieverbrauch umso geringer ist, je weniger man sich bewegt. Körperliche Aktivität steigert den Energieverbrauch und es kommt zu einer Zunahme an Muskelmasse. Damit steigt wiederum der Grundumsatz. Zahlreiche Studien haben gezeigt, dass die Kombination von Ernährungsumstellung und moderatem Sport hilfreich ist, wenn man abnehmen will. Man nimmt richtig ab, Fett wird reduziert und Muskelmasse aufgebaut.

Unsere körperliche Verfassung und unsere Gesundheit sind das Ergebnis unserer Ernährung, ebenso unsere Lebenserwartung. Wenn es Ihnen nun gelingt, Ihre Ernährung so umzustellen, dass Sie Freude und Lustgewinn verspüren, dann werden Sie sich auch in Ihrem Körper wohl fühlen und ihr Leben insgesamt besser managen können.

Deshalb möchte ich Sie dazu motivieren, sich mit der Montignac-Methode auseinander zu setzen und nach und nach Ihren ganz individuellen Montignac-Menüplan zusammenzustellen. Er sollte auf Ihren persönlichen Tagesablauf abgestimmt sein, immer unter Einhaltung der Grundregeln! Denn natürlich sollte jeder Mensch seinen Speiseplan selbst bestimmen, da Lebensrhythmus, Geschmack und der Bedarf an Lebensmitteln individuell verschieden sind und auch Faktoren wie Alter, Schlafgewohnheiten, das individuelle Bewegungspotenzial, die berufliche Tätigkeit, der Stresspegel eine Rolle spielen. Eine Methode ohne Abweichungen zu kreieren ist nicht möglich.

Ich wünsche Ihnen viel Erfolg bei der Umsetzung meiner Empfehlungen und möchte – wie Michel Montignac in seinem ersten Buch „Comment maigrir en faisant des repas d`affaires“ aus dem Jahre 1987 (deutsche Ausgabe aus dem Jahr 1993 unter dem Titel „Essen gehen und dabei abnehmen“) – mit der wichtigsten Schlussfolgerung schließen:

„Wir sind, was wir essen!”

Anhang

Glykämische Index-Liste

Auf den folgenden Seiten finden Sie die Originalliste des glykämischen Index von Michel Montignac. Einige der darin angeführten Lebensmittel sind daher nicht in Österreich erhältlich, alle Montignac-Produkte wie z. B. Pumpernickel Montignac oder Low GI Montignac Spaghetti können Sie über www.montignac.com beziehen.

Die Ermittlung des glykämischen Index (GI) ergibt immer nur einen annähernden Wert. Er sollte demnach als Richtwert betrachtet werden.

Manche Lebensmittel werden besonders gekennzeichnet:

* Obwohl diese Lebensmittel einen hohen GI haben, enthalten sie nur einen sehr geringen Kohlenhydratanteil (unter 5 %). Ihr normaler Verzehr hat auf den Blutzuckerspiegel keine nennenswerte Auswirkung.

** Es gibt praktisch keinen Unterschied im glykämischen Index zwischen den Vollmilch- und den Magermilchprodukten. Allerdings haben Milchprodukte trotz des niedrigen glykämischen Index einen hohen Insulin-Index.

Nahrungsmittel und Produkte mit hohem glykämischen Index

Maissirup	115	Bier*	110
Glukose (Traubenzucker)	100	Glukosesirup	100
Stärke, modifiziert	100	Weizensirup, Reissirup	100
Kartoffelgratin, Bratkartoffeln	95	Kartoffelstärke	95
Maltodextrin	95	Pommes frites	95
Reismehl	95	Kartoffelpüree (Instantflocken)	90
Klebreis, glutenhaltig	90	Weißbrot ohne Gluten	90
Cornflakes, Maisflocken	85	Hamburgerbrötchen	85
Karotten, gekocht*	85	Maizena	85
Pastinake*	85	Pfeilwurzelmehl (Arrow Root)	85
Popcorn (ohne Zucker)	85	Reis, gepufft	85
Reismilch	85	Reispudding, Reiskuchen	85
Schnellkochreis	85	Sellerie (Knolle), gekocht*	85
Tapioka	85	Weiße Rübe, gekocht*	85
Weißes Toastbrot	85	Weißmehl	85
Kartoffelpüree (selbst zubereitet)	80	Donuts, Berliner, Krapfen	75
Kürbis (Riesenkürbis)*	75	Kürbis (verschiedene)*	75

Lasagne (aus Weichweizen)	75	Milchreis, gezuckert	75
Waffeln (mit Zucker)	75	Wassermelone*	75
Amarant, gepufft	70	Bagels	70
Baguette, Weißbrot	70	Biskuit	70
Brioche	70	Brot, ungesäuert (aus Weißmehl)	70
Cerealien, raffiniert, gezuckert	70	Chips	70
Cola, Limonaden, Erfrischungsgetränke	70	Croissant	70
Datteln	70	Gnocchi	70
Hirse	70	Kochbanane (gekocht)	70
Kohlrübe, Steckrübe (gekocht)	70	Maisbrei, Polenta	70
Maismehl	70	Melasse, Sirup	70
Polenta, Maisgrieß	70	Ravioli (aus Weichweizen)	70
Reis, weiß, Standard	70	Reisbrot	70
Risotto	70	Rohzucker	70
Salzkartoffeln	70	Schokoladenriegel, zuckerhaltig	70
Special K®	70	Tacos	70
Teigwaren, Nudeln (aus Weichweizen)	70	Zucker, weiß (Saccharose)	70
Zwieback	70	Ahornsirup	65
Ananas (Dose)	65	Brotfrucht (Brotfruchtbaum)	65
Chinesische Reisnudeln	65	Couscous	65

Dicke Bohnen, gekocht	65	Dinkel	65
Getrockneter Zuckerrohrsaft	65	Graubrot (mit Hefe)	65
Jamswurzel	65	Kartoffeln mit Schale gegart (Wasser, Dampf)	65
Kastanienmehl	65	Konfitüre, gezuckert	65
Mais	65	Marmelade, gezuckert	65
Mars®, Snickers®, Nuts®, etc.	65	Mehrkornbrot	65
Müsli (mit Zucker oder Honig gesüßt)	65	Quittengelee (mit Zucker)	65
Roggenbrot (30 % Roggen)	65	Rosinen	65
Rote Bete, gekocht*	65	Schokobrötchen	65
Sorbet, gezuckert	65	Tamarinde, süß	65
Aprikosen (Dose, mit Zucker)	60	Banane, reif	60
Duft-/Jasminreis	60	Eiscreme, gezuckert	60
Gerstengraupen, fein (Perlgraupen)	60	Grieß (aus Hartweizen)	60
Honig	60	Lasagne (aus Hartweizen)	60
Maronen, Esskastanien	60	Mayonnaise (industriell, gezuckert)	60
Melone, Honigmelone*	60	Milchbrot	60
Ovomaltine	60	Pizza	60
Porridge, gekocht aus Haferflocken	60	Ravioli (aus Hartweizen)	60
Reis aus der Camargue	60	Reis, Langkorn	60
Schokoladenpulver, gezuckert	60	Bulgur (gekocht)	55

Chicorée-Sirup	55	Ketchup	55
Mangosaft, ohne Zucker	55	Maniok, bitter	55
Maniok, süß	55	Mispel	55
Nutella®	55	Papaya	55
Pfirsich (Dose, gezuckert)	55	Reis, rot	55
Sandgebäck (Mehl, Butter, Zucker)	55	Senf, süß	55
Spaghetti, weiß, weich gekocht	55	Sushi	55
Tagliatelle, weich gekocht	55	Traubensaft (ungezuckert)	55

Nahrungsmittel und Produkte mit mittlerem glykämischen Index

All Bran™ von Kelloggs	50	Ananassaft, ungezuckert	50
Apfelsaft, ungezuckert	50	Basmatireis, Langkorn	50
Brot mit Quinoa (ca. 65 % Quinoa)	50	Chayote, püriert	50
Energieriegel, ungezuckert	50	Kaki	50
Kekse aus Vollkornmehl, ohne Zucker	50	Kiwi*	50
Litschi/Lychee, frisch	50	Makkaroni (aus Durumweizen)	50
Mango	50	Müsli, ohne Zucker	50
Naturreis	50	Preiselbeer/Heidelbeersaft, ungezuckert	50
Surimi	50	Süßkartoffeln	50
Topinambur, Erdbirne	50	Vollkornnudeln	50
Ananas (frische Frucht)	45	Banane, leicht grün	45
Capellini (dünne Spaghetti)	45	Couscous, Vollkorn	45
Dinkel (Vollkorn)	45	Dinkel (Vollkorn)	45
Emmer-Vollkornmehl (alte Getreidesorte)	45	Erbsen (Dose)	45
Fruchtaufstrich (Konfitüre), ohne Zucker	45	Grapefruitsaft, ungezuckert	45
Hartweizen, trocken, vorgegart (10 Min. Kochzeit)	45	Kamut-Vollkornmehl	45
Kamutbrot	45	Kochbanane (roh)	45

Kochbanane (roh)	45	Kokosnuss	45
Müsli Montignac	45	Natur-Basmatireis	45
Orangensaft, zuckerfrei	45	Preiselbeeren	45
Pumpernickel	45	Roggenvollkornbrot (100 %)	45
Tomatensauce (mit Zucker)	45	Trauben, frisch	45
Vollkornbulgur (gekocht)	45	Vollkorncerealien, ohne Zucker	45
Vollkorntoast, ohne Zucker	45	Apfelwein, trocken	40
Bohnen, rot (Dose)	40	Buchweizen, Vollkorn (dunkles Korn)	40
Dicke Bohnen, roh	40	Emmer (alte Getreidesorte)	40
Erdnussbutter	40	Falafel (aus Bohnen)	40
Feigen, getrocknet	40	Hafer	40
Haferflocken, grob	40	Kamut, Vollkorn	40
Karottensaft, ohne Zucker	40	Kokosmilch	40
Matzen (ungesäuertes Fladenbrot, Vollkornmehl)	40	Milchzucker	40
Pepino, Melonenbirne	40	Pflaumen, getrocknet	40
Pumpernickel Montignac	40	Quinoa-Mehl	40
Quittengelee (ohne Zucker)	40	Sandgebäck aus Vollkornmehl, ohne Zucker	40
Sesammus, Tahin	40	Sorbet, ohne Zucker	40
Spaghetti, sehr kurz gekocht (5 Minuten)	40	Vollkornbrot (100 %) mit Hefe/Sauerteig	40
Vollkornnudeln, al dente	40	Zichorie (Getränk)	40

Nahrungsmittel und Produkte mit niedrigem glykämischen Index

Adzuki-Bohnen	35	Amarant	35
Apfel, frisch	35	Apfel, getrocknet	35
Apfelmus, Apfelkompott	35	Aprikosen, getrocknet	35
Bierhefe	35	Bohnen, Borlotti	35
Bohnen, rot	35	Bohnen, schwarz	35
Cassoulet (franz. Bohnen-Fleisch-Eintopf)	35	Cherimoya, Zimtapfel, Annonenfrucht	35
Eiscreme (mit Fruchtzucker)	35	Erbsen, frisch	35
Erbsen, frisch	35	Falafel (aus Kichererbsen)	35
Feige, frisch	35	Granatapfel, frisch	35
Hefe	35	Joghurt**	35
Kichererbsen (Dose)	35	Kichererbsenmehl	35
Leinsamen/Sesam/Mohn, ganz	35	Mandelmus, ungezuckert (aus geschälten Mandeln)	35
Nektarine	35	Orange, frisch	35
Pfirsich, frisch	35	Pflaume, frisch	35
Quinoa	35	Quitte, frisch	35
Sellerie, roh	35	Senf, scharf	35
Sojajoghurt (aromatisiert)	35	Sonnenblumenkerne	35

Sprossenbrot (aus gekeimtem Getreide)	35	Suppennudeln aus Hartweizen	35
Tomaten, getrocknet	35	Tomatensaft	35
Tomatensauce, ohne Zucker	35	Wasa Köstlich (24 % Ballaststoffgehalt)	35
Weiße Bohnen, Perlbohnen	35	Wildreis	35
Brot (Montignac integral bread)	34	Aprikosen, frisch	30
Birne, frisch	30	Bohnen, grün	30
Grapefruit, frisch	30	Hafermilch (ungekocht)	30
Karotten, roh	30	Kichererbsen	30
Knoblauch	30	Linsen, braun	30
Linsen, gelb	30	Mandarinen, Clementinen	30
Mandelmilch	30	Marmelade, ohne Zucker	30
Milch (vollfett oder fettarm)**	30	Milch aus Milchpulver**	30
Passionsfrucht, Maracuja, Grenadille	30	Quark, nicht abgetropft**	30
Rote Bete, roh	30	Schwarzwurzeln	30
Sojamilch	30	Sojanudeln	30
Tomate	30	Weiße Rübe, roh	30
Bohnenkerne, grün (Flageolet)	25	Brombeeren	25
Erbsen, halb	25	Erdbeeren, frisch	25
Erdnussmus, ungezuckert	25	Gerstengraupen, grob	25
Haselnussmus, ungezuckert	25	Heidelbeeren	25

Himbeere, frisch	25	Hummus (vegetar. Brotaufstrich aus Kichererbsen)	25
Johannisbeeren, rot	25	Kirschen	25
Kürbiskerne	25	Linsen, grün	25
Mandelmus, ungezuckert (aus ganzen Mandeln)	25	Mungobohnen	25
Schokolade, schwarz (>70 % Kakaogehalt)	25	Sojamehl	25
Stachelbeere	25	Acerolakirsche, Antillenkirsche	20
Artischocke	20	Aubergine / Melanzani	20
Bambussprossen	20	Fruktose Montignac(Fruchtzucker)	20
Kakaopulver, ohne Zucker	20	Palmherzen	20
Ratatouille	20	Schokolade, schwarz (>85 % Kakaogehalt)	20
Soja Cuisine (Soja-Sahne)	20	Sojajoghurt (natur)	20
Tamarisauce (ohne Zucker oder Süßstoff)	20	Zitronensaft, ohne Zucker	20
Agavensirup	15	Blumenkohl	15
Broccoli	15	Cashewnuss	15
Champignons, Pilze	15	Chicoree	15
Erdnüsse	15	Essiggurken	15
Fenchel	15	Getreide, gekeimt	15
Gurke	15	Haselnuss	15
Ingwer	15	Johannisbeeren, schwarz	15
Johannisbrotmehl (Carobpulver)	15	Kleie (Weizen, Hafer ...)	15

Kohl, Kraut	15	Lauch, Frühlingszwiebel	15
Lupine (Süßlupine)	15	Mandeln	15
Mangold	15	Nüsse	15
Oliven	15	Paprika	15
Pfefferoni	15	Pesto	15
Physalis, Kapstachelbeere	15	Pinienkerne	15
Pistazien	15	Radieschen, Rettich	15
Rhabarber	15	Rosenkohl	15
Salat, grün	15	Sauerampfer	15
Sauerkraut	15	Schalotte	15
Soja	15	Spargel	15
Spinat	15	Sprossen	15
Stangenbohnen	15	Stangensellerie	15
Tempeh	15	Tofu	15
Zucchini	15	Zwiebeln	15
Avocado	10	Low GI Montignac pasta (spaghetti)	10
Low GI Montignac spaghetti	10	Essig	5
Gewürze, Kräuter (Pfeffer, Petersilie, Basilikum, Oregano, Zimt, Vanille etc.)	5	Krustentiere (Hummer, Krabben, Languste)	5

Index der Rezepte

Vorspeisen und Salate

Suppen

Hauptgerichte

Vegetarisch

Fisch und Meeresfrüchte

Fleisch

Desserts und Mehlspeisen

Käse

Gabriele Brigitte Scheucher

Nach Abschluss der Handelsakademie machte Gabriele Brigitte Scheucher ihr Interesse am Thema Ernährung zum Beruf und sie absolvierte die Akademie für Ernährung bei Prof. Dr. Kurt Widhalm in Wien. Ein besonderes Anliegen war ihr die Methode von Michel Montignac und so schloss sie ihre Ausbildung zur Ernährungsberaterin an der Vitalakademie mit einer Diplomarbeit zum Thema „Michel Montignac auf Wienerisch – Essen ist Lustgewinn“ ab. Anschließend avancierte sie zur „Schlank ohne Diät“-Trainerin bei Univ. Doz. Mag. Dr. Ingrid Kiefer.

Gabriele Brigitte Scheucher arbeitet als selbstständige Ernährungsberaterin im Health + Life Ärztezentrum in Wien und ist Ernährungsberaterin der RZB (Raiffeisen Zentralbank). Ihre Schwerpunkte sind neben der Montignac-Methode die Ernährung bei Diabetes Typ II, der Säure-Basenhaushalt und die Ernährung bei rheumatischen Erkrankungen

Neben ihrer Einzelberatertätigkeit erstellt sie Menüpläne nach dem glykämischen Index für Betriebsküchen wie SV-Catering und die Wiener Städtische. Sie verfasst auch Astromenüs, sowohl für Singles als auch für Paare, die auf das jeweilige Sternzeichen abgestimmt sind.

Mehr Informationen finden Sie auf www.essenistlustgewinn.com

Michel Montignac

Nach seinem Studium der Politikwissenschaft und einer Spezialisierung auf Humanwissenschaften macht Michel Montignac international Karriere als Führungskraft in der Pharmaindustrie.

Schon als kleiner Junge war Michel Montignac fettleibig (wie auch sein Vater). Deshalb beschließt er Ende der 70er Jahre Forschung über die Ernährung zu betreiben, um sein Gewichtsproblem zu lösen. Es gelingt ihm einige Jahre später, eine revolutionäre Methode zu entwickeln, um abzunehmen. Er hat weltweit als Erster die Idee, das Konzept des glykämischen Index für die Gewichtsabnahme einzusetzen. Er probiert seine neuen Erkenntnisse auf dem Gebiet der Ernährung zunächst an sich selbst aus und verliert in nur drei Monaten dauerhaft gut 15 kg Gewicht. So beweist er, dass es möglich ist, ohne Kalorieneinschränkung abzunehmen, indem man einfach die richtigen Nahrungsmittel auswählt.

1986 schreibt er sein erstes Buch: „Comment maigrir en faisant des repas d'affaires“ (in Deutschland 1993 erschienen unter dem Titel „Essen gehen und dabei abnehmen“), das sich hauptsächlich an Manager wendet, die – wie er selbst – aus beruflichen Gründen verpflichtet sind, oft im Restaurant zu essen. Das Buch wird in Frankreich schnell zum Bestseller (550.000 verkaufte Exemplare). Dieser unerwartete Erfolg ermutigt Montignac, seine Forschungsarbeiten mit einem festen wissenschaftlichen Team fortzuführen und zu vertiefen.

Seine Bücher, etwa 20 an der Zahl, behandeln nicht nur das Thema Gewichtsabnahme, sondern auch die Gesundheit im Allgemeinen und werden in beinahe 40 Ländern und in mehr als 25 Sprachen veröffentlicht.

Michel Montignac setzt seine Forschungsarbeit für die gesunde Ernährung aktiv weiter fort und tritt regelmäßig als Vortragender bei wissenschaftlichen Kongressen und Symposien, wie bei Fachmessen zum Thema Gesundheit, auf.

Mehr über Michel Montignac finden Sie auf www.montignac.com

Kleines Küchenglossar

abschrecken: rasches Abkühlen von Gekochtem mit kaltem Wasser, damit die Farbe erhalten bleibt
aufgießen: nach dem Anbraten bzw. Anrösten Flüssigkeit dazugeben
anbraten: Fleisch in wenig Öl rasch beidseitig braten, damit sich die Poren schließen
ausbacken: Gemüse, Fleisch oder Fisch in heißem Fett schwimmend herausbacken

bemehlen: in Mehl wenden (ist aber bei Montignac verpönt!)
blanchieren: kurz in kochendes Wasser tauchen

dämpfen: Speise mit nur wenig Wasser gut zugedeckt gar werden lassen
dünsten: Gemüse, Fleisch oder Fisch in etwas Wasser, Gemüsebrühe oder Öl gar werden lassen

filetieren: bei Fleisch oder Fisch die Knochen oder Gräten entfernen oder bei Obst wie Orangen oder Mandarinen die Haut bis zum Fruchtfleisch entfernen

gratinieren: im Rohr überbacken

marinieren: Salatsauce unter einen Salat mischen

panieren: Fleisch, Fisch oder Gemüse in Mehl, ein aufgeschlagenes Ei und Brösel tauchen (Alternative: anstelle von Mehl und Bröseln geriebenen Käse, Mandeln oder Haselnüsse verwenden)
paprizieren: beidseitig in Paprika wälzen
passieren: Obst, Gemüse oder Fleisch und Fisch durch ein Sieb streichen

tranchieren: gebratenes Fleisch oder Geflügel in Portionen teilen

ziehen lassen: in kochendes Wasser einlegen und knapp unter dem Siedepunkt gar werden lassen

Abkürzungsverzeichnis

Mengenangaben falls nicht anders angegeben für 2 Personen.

Abkürzungen:

TL	Teelöffel (5 ml)
EL	Esslöffel (15 ml)
Msp.	Messerspitze
Pkg.	Packung
Stk.	Stück
Bd.	Bund
ml	Milliliter
l	Liter
g	Gramm
F.i.T.	Fett in der Trockenmasse

Literaturnachweis

Michel Montignac:

Michel Montignac: Essen gehen und dabei abnehmen. 1. Auflage. Heidelberg: Artulen Verlag, 1993
Michel Montignac: Essen gehen und dabei abnehmen. 16. Auflage. München: Deutscher Taschenbuchverlag, 2006
Michel Montignac: Ich esse, um abzunehmen nach dem GLYX. 17. Auflage. Offenburg: Artulen Verlag, 2005
Michel Montignac: 100 Rezepte für Genießer. Offenburg: Artulen Verlag, 2007
Michel Montignac: Schlanke Desserts. Offenburg: Artulen Verlag, 2009

Weitere Quellen:

Ingrid Kiefer, Michael Kunze, Rudolf Schoberberger: Schlank ohne Diät. Leoben: Kneipp-Verlag GmbH, 2006
K. Kwanbunjan, C. Strassner, C. Leitzmann: Eisenstatus von Rohköstlern. Zentrum Ernährungswissenschaft Abstract 25, 1 (1996) 90
Skriptum „Ernährung im Lebensalter". Verlag Vitalakademie, 2003
Skriptum „Nährstoffe und Lebensmittelkunde". Verlag Vitalakademie, 2005
Skriptum „Ernährung und Bewegung". Verlag Vitalakademie, 2005

Internetadressen:

http://www.montignac.com/de
http://de.wikipedia.org/wiki/Glykämische_Last
http://www.planet-wissen.de